مؤسسة المستقبل

الحوسبة الكمومية والذكاء الاصطناعي

مؤسسة المستقبل

الطبعة الأولى – يناير 2021

© جميع الحقوق محفوظة للكاتب أحمد الغضبان

info@quantumy.ai

المجلس الوطني للإعلام موافقة رقم **MC-01-01-3675083**

التصنيف العمري: E

«تم تصنيف وتحديد الفئة العمرية التي تلائم محتوى الكتب وفقا لنظام التصنيف العمري الصادر عن المجلس الوطني للإعلام»

الترقيم الدولي

9 789948 190523

تأليف:

م. أحمد الغضبان

م. يُمنى محمد

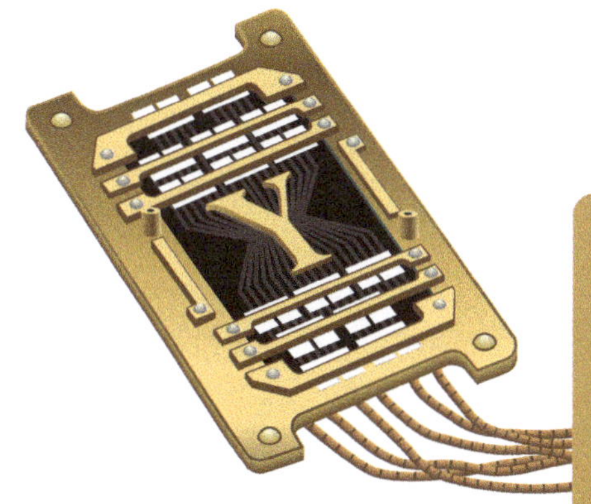

إلى مصطفى

كم كانت قصيرة أيامك على الأرض، عظيمة
قوتك مثل الرجال.
ذكراك هي ذلك المعين الذي يضيء أرواحنا
مهما مر الزمن، فهي التي صنعت هذا
الكتاب، وكانت هي عزيمتنا على فعل ما كنا نظنه
مستحيلاً
فسلاماً حتى تحين لقياك

المحتوى

الفصل الرابع
التحول الرقمي

الفصل الخامس
خارطة الطريق

الفصل السادس

تطبيقات الذكاء الاصطناعي

الفصل السابع

الحوسبة الكمومية Quantum Computing

المقدمة

استشراف المستقبل والتخطيط له هو طريق الأمم إلى الريادة، طريقها إلى أن تصبح فاعلة وفي يدها زمام المبادرة، وفي عصرنا هذا ليس لشيء أن يشغلها في هذا الطريق أكثر من سعيها إلى امتلاك التكنولوجيا. في مؤسساتنا العامة والخاصة لا تزال التكنولوجيا تحمل الكثير من الغموض سواء لعموم العاملين أو لمتخذي القرار من غير المتخصصين في التكنولوجيا مما يؤدي إلى هدر موارد المؤسسة في مشاريع التحول الرقمي بسبب ضبابية الرؤية وأيضاً الوعود البراقة من شركات التكنولوجيا. في هذا الكتاب نضع إطاراً عاماً لمشاريع التحول الرقمي كما نحاول أن نجعل من الذكاء الاصطناعي والحوسبة الكمومية - وهما بحق تكنولوجيا المستقبل - مادة سهلة المنال حتى يمكن للعاملين في المؤسسات العامة والخاصة التعامل مع هذه التكنولوجيا وتطويعها لأجل أن نتحول إلى مؤسسة المستقبل: المؤسسة الذكية.

جُمِع لهذا الكتاب خبرة الشيوخ وحداثة الشباب بين مؤلفين من جيلين مختلفين، فكان العمل عليه بمثابة استخلاص التجارب العملية وتأطيرها بالمنهج الأكاديمي لنستهدف بها المستقبل، فمشروعنا كان ولا يزال تبسيط تكنولوجيا المعلومات وإيصالها إلى عامة الناس بلغتهم العظيمة، لعلّنا نساعد في نهضة دولنا العربية ونحفظ مواردها فتزداد إنتاجيتها.

لذلك فإن المنظور الذي يتناوله الكتاب قد لا يكون له من الأنداد الكثير، فقد جمع هذا الكتاب ثلاثة مواضيع رئيسية؛ التحول الرقمي، والحوسبة الكمومية، والذكاء الاصطناعي، وهو يصهرها معاً دون أن تكون وجبة تقنية دسمة ينفر منها القارئ غير المتخصص، بل إن جنبات الكتاب جَمْعٌ ما بين النظريات العلمية والمعلومات التاريخية والأخبار العلمية وقصص التجارب

العلمية بل والتقارير المالية، في تنوع يجذب الأذهان فتصل كل تلك المعلومات في انسيابية إلى عقل القارئ ووجدانه.

لا يزال للمشروع وقفاتٌ أخرى وطموحٌ أكبر، لعلنا نبلغه بتوفيقٍ من الله ودعمٍ من قارئنا العزيز؛

دبي، الإمارات العربية المتحدة
الخامس والعشرون من جُمادى الأول 1442 ، الموافق للتاسع من يناير 2021

من الجزري حتى إيلون ماسك

1.1   الحكمة ضالة الإنسان

سعى الإنسان منذ بدء الخليقة إلى أن يؤدي ما عليه من واجبات وأن يحقق ما يصبو إليه من أهداف بأقل الجهد وفي أقصر وقت، وكلما قل الجهد المبذول وعظم الهدف المنجز، اعتبر الإنسان ذلك نجاحاً باهراً.

فهو تارة ينجب الأبناء ليساعدوه على مشاق الحياة البدنية ومخاوفها الأمنية فهم إما يدٌ تعينه في أعماله وإما يدٌ غليظة تُرهب أو تضرب أعداءه بشراً كانوا أو غيرهم. وهو تارة أخرى يستعبد العبيد وأخرى يصنع الأدوات والآلات أو هو يغزو غيره من البشر ليحصل على مواردهم البشرية والمادية والطبيعية، وهو في كل ذلك يسعى لتحقيق أهدافه حسنت أو ساءت.

وهو في كل تلك الحالات والمحاولات يسعى كي يحقق تلك الأهداف بالطريقة المثلى من توفير الجهد والوقت والموارد، ولكنه قد ينجح في ذلك أو يفشل، ولكن ما يميز الإنسان عن غيره من المخلوقات أنه يتعلم من محاولاته ويسعى ألا يكرر أخطاءه والأهم من ذلك أنه ينقل تلك الخبرات – من النجاح والخطأ – إلى غيره من البشر، ثم تتراكم تلك الخبرات لتكون «الحكمة». وفي الأثر «الحكمة ضالة المؤمن فحيث وجدها فهو أحق بها» فهي كنزٌ قل من امتلكه وشحَّ من أحسن استخدامه.

ولقد حاول العلماء وصف المراحل التي يمر بها الإنسان حتى يصل إلى مبتغاه من الحكمة، ورغم اختلافهم حول ما سموه الهرم المعرفي – في صوره المختلفة – إلا أنه لا يزال أحد النماذج المُثلى لوصف مراحل نضج إدراكنا لمحيطنا، أو قُلْ لوصف كيف تتطور المعرفة البشرية.

البيانات هي سجلات لحقائق تم قياسها من البيئة المحيطة بنا، وتتخذ هذه البيانات أشكالاً مجردة من رموز أو أرقام مثل درجات الحرارة أو أطوال مجموعة من البشر ...الخ. وهي في ذاتها غير ذات فائدة مثلها مثل أي مادة خام استخرجناها من الطبيعة ولم يتم معالجتها بعد.

وتحتاج تلك البيانات إلى سياق ما (أو نطاق معرفي محدد) يتم على أساسه تنظيمها وتصنيفها كي تصبح **معلومات** ذات معنى نستطيع بها الإجابة على أسئلة من قبيل «ماذا» و «متى» و «من»؛ هذا «المعنى» قد يكون مفيداً أو غير مفيد.

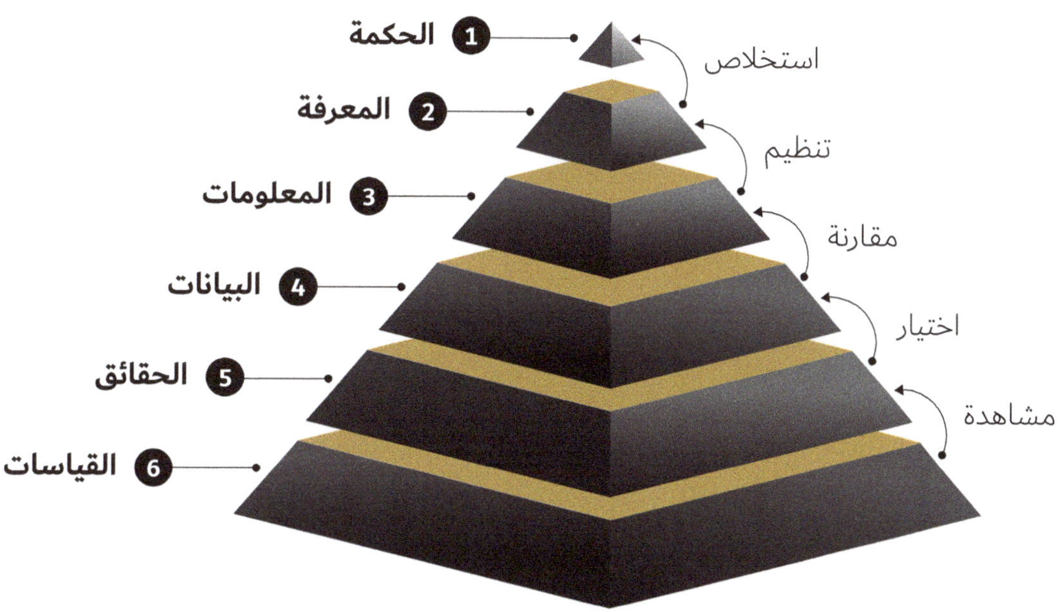

رسم توضيحي 1.1: هرم المعرفة، بعض التعريفات تبدأ فقط من مستوى البيانات فما فوق، وما البيانات إلا ما سجلناه من حقائق قسناها من البيئة المحيطة بنا

ثم نصل إلى الخطوة الأهم في رحلتنا وهي **المعرفة**، وهي نتاج قدرتنا على التعلم من المعلومات المتراكمة لدينا سواء عبر الزمن أو عبر التجارب المختلفة التي يخوضها البشر في

نفس الزمان، والتي إذا استطعنا تنقيحها واستخلاص الأنماط السائدة فيها، فقد أصبح لدينا «المعرفة» اللازمة لفهم سياق تلك المعلومات، وهي أداتنا **لنبصر** الحقائق الكامنة داخل المعلومات والبيانات.

حتى إذا نضجت تلك «المعرفة» وأصبحت **بصيرتنا** أنقى وأقوى لرؤية حقائق الأمور؛ حينها نستطيع أن نستخلص المبادئ والقواعد والأفكار الأساسية في كل سياق ومجال نحن بصدد محاولة فهمه ودراسته، وهي **الحكمة** التي نبتغيها والتي بها نستطيع أن نبني النماذج التي نستشرف ونتوقع بها المستقبل من المعطيات التي تصل إلى أيدينا.

وما **الذكاء الاصطناعي** إلا محاولتنا استخلاص «الحكمة» ووضعها في نموذج أو قالب تستطيع «الآلة» العمل به لاستنتاج النتائج للمعطيات التي ندخلها إليها، وهو قمة ما وصل إليه الإنسان، إذ بعد أن صنع الآلات لاستبدال ما يقوم به البدن، هو الآن يريد للحاسب الآلي أن يستبدل كامل العقل.

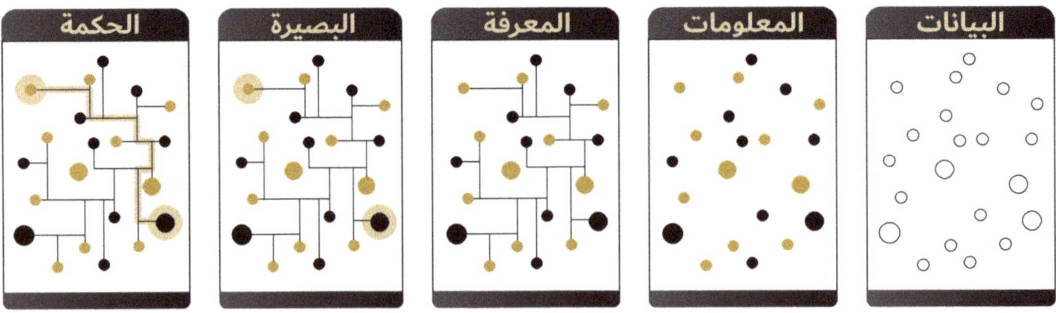

رسم توضيحي 1.2:   الهرم المعرفي من زاوية أخرى – أكثر وضوحاً ربما – يظهر فيها مرحلة أخرى من مراحل التطور وهي «البصيرة» (Insight)[1]. وسنأتي إلى صورة أخرى لهذا الهرم المعرفي لاحقاً عند حديثنا عن البيانات الضخمة.

---

[1]   من مقال للرئيس التنفيذي للتكنولوجيا في شركة روتستراب، أنتوني فيغيرو

1.2   أبو الروبوت: إسماعيل الجزري

أن تكون على دراية بنشأة وتاريخ شيء ما هو أحد السبل لفهم ذلك الشيء، ولابد لنا في هذا الموضع أن نذكر أبو الروبوت؛ إنه العالم العربي المسلم بديع الزمان أبو العز بن إسماعيل بن الرزاز الجزري الملقب بـ «الجزري» والذي عاش ونبغ في منطقة ديار بكر حيث الحدود بين العراق وتركيا حالياً، وكان ذلك ما بين عامي 1136 و1206 من الميلاد.

ولا تزال الأفكار والحلول الهندسية التي وضعها الجزري في كتابه الأشهر « الجامع بين العلم والعمل النافع في صناعة الحيل» هي الأساس لكثير من الآلات الميكانيكية في عصرنا هذا؛ فقد كان علم الجزري أحد أسس النهضة العلمية في الحضارة العربية الإسلامية التي انتقلت فيما بعد إلى أوروبا. فقد اعترف المؤرخ الأمريكي لين وايت والكثير من علماء الغرب أن الكثير من تصاميم الآلات التي ابتكرها الجزري قد نقلت إلى أوروبا، وأن التروس القطعية ظهرت لأول مرة في مؤلفات الجزري، وأنها لم تظهر في أوروبا إلا بعد الجزري بقرنين في ساعة جيوفاني دوندي الفلكية. كما كان الجزري أول من تحدث عن ذراع الكرنك. كما ابتكر الجزري آلات رفع المياه، واستخدم الكرات المعدنية للإشارة إلى الوقت في الساعات المائية.

بل إنه من الدلائل على عظم ما صنع أنه عندما صنع آلة لرفع المياه تعمل بقوة اندفاع المياه نفسها، فإنه قد ترك مكاناً لحيوانٍ يظهر وكأنه يجر عمود الآلة حتى لا يروّع الناس بظنهم أن الآلة ترفع المياه باستخدام السحر!

الصورة رقم 1.1: «ساعة القلعة»، هي اختراع من اختراعات الجزري، وهي آلةٌ معقدة التركيب ارتفاعها حوالي 3.4 متر، ولها أكثر من استخدام، فبجانب ضبط الوقت كان لها وظائف متعددة مثل عرض الأبراج والمدارات الشمسية والقمرية وكانت إحدى أدواتها هو ذلك المؤشر على هيئة هلال ينتقل عبر الجزء العلوي من بوابة الساعة ويتحرك بواسطة عربة خفية يقوم من خلالها بفتح أبواب الساعة تلقائياً كل ساعة، وبساعة القلعة أيضاً جهازٌ مُكوَّن من خمسة موسيقيين آليين يقومون بالعزف الموسيقي تلقائياً ويتم تحريكهم بواسطة أذرعٍ مُعلَّقةٍ بعمود حدبي مخفٍ موصول بعجلة مياه.

وقد كان ما تفرد به الجزري فعلاً هو الآلات الميكانيكية التي جعلها تشبه الإنسان أو الحيوان وهو ما نسميه اليوم «الروبوت». لعلك زرت أو اطلعت على أخبار تلك المقاهي «الحديثة» التي تستخدم الروبوتات التي تقوم بإعداد الشاي والقهوة، إلا أنها ليست بتلك الحداثة فالجزري هو أول من قام بصناعة مثل هذه الروبوتات، بل إن الجزري قد صنع روبوتاً على شكل غلام يصبّ الماء ثمّ يقدّم منديلاً ومشطاً ومرآةً بعد الوضوء. ولقد كان له شغف بالموسيقى فصنع فرقة موسيقية عبارة عن قارب يضم أربعة موسيقيين من الروبوتات يطوفون بحيرة للترفيه عن الضيوف في الحفلات الملكية.

1.3   ما هو الذكاء؟

أبسط الأمور التي تقوم بها في يومك ستبدو معقدة جداً إذا أردت تحليلها إلى سلسلة من المهام البسيطة، فمثلاً أنت تقود يومياً سيارتك إلى العمل وقد تظن أن ذلك بالأمر البسيط حتى إن ذهنك قد يكون أغلب وقت الطريق مشغولاً بأمور أخرى، ولكن واقع الأمر أنه بالإضافة إلى مهارة قيادة السيارة فلابد أنك تحفظ الطريق وتفهم معاني الإشارات الموضوعة على طوله، وتتابع أماكن السيارات حولك وتقوم بحساب سرعاتها والمحافظة على المسافة بين سيارتك وبين كل منها، بل وتحاول فهم نوايا السائقين سواء من استخدامهم الإشارات أو من طريقة قيادتهم، وتحاول فهم نوايا المشاة لتفادي أخطائهم والتوقف عندما يحاولون عبور الطريق حتى ولو لم يكن ذلك من مكان عبور المشاة، بل إنك ابتداء يجب أن تعرف ما هو الطريق، فربما هو أسفلت يحده حاجزان وربما رصيفان أو لا شيء يحده على الاطلاق، وفي التقاطعات الكبيرة يجب أن تجد طريقك من اتجاه إلى الاتجاه المتعامد عليه حتى ولو لم تكن الأرض مخططة بخطوط تحدد لك كيف تذهب في الاتجاه الذي تريد...

ربما الآن تعي جيداً أن قيادة السيارة – حتى لمن تعدهم سائقين غير مهرة –أمرٌ يحتاج إلى ذكاء، وحتى يمكننا أن نصنع «آلة ذكية»، كان لابد للعلماء أولاً تحليل «الذكاء» إلى عوامله أو مكوناته الأولية:

1.3.1   الإدراك

يدرك الإنسان الأشياء من حوله عن طريق حواسه الخمسة وعلى رأسها السمع والبصر، وفي غيره من الكائنات قد تختلف قدرات الإدراك فبعضها قد يستخدم الموجات فوق الصوتية كما في الخفاش أو حتى المستقبلات الحرارية في كائنات أخرى. وعطفاً على مثال قيادة السيارة أعلاه، فإن الأنظمة الآلية لقيادة السيارات تستخدم جمعاً من «أجهزة الإدراك»؛ مثل الكاميرا وحساسات الحركة وغيرها وهي تساعد نظام القيادة الآلي في إدراك محيط السيارة من إنسان وسيارات أخرى وجمادات مثل الأشجار والأعمدة.

1.3.2   الاستدلال

وهو ما يتعلق بقدرة الإنسان على التفكير وإيجاد العلاقات بين الأشياء وخاصة العلاقات السببية، وهو أيضاً ما يجعل الإنسان قادراً على حل المشكلات أو ما يسمى بـ «Problem Solving».

1.3.3   التخطيط

حين تستقل سيارتك وقد حددت وجهتك سلفاً فإنك لا إرادياً تترجم تلك الوجهة «أو الهدف» إلى مجموعة من المهام تتعلق بقيادة السيارة، وربما تزيد عليها مراجعة خرائط جوجل لتتأكد

من أفضل الطرق وأسرعها، أو تحاول تذكر أفضل الأماكن لإيقاف سيارتك. كل ما تقوم بإعداده لتحقيق «الهدف» هو ما نسميه التخطيط.

1.3.4   حفظ المعرفة

يمكننا أن ننظر إلى حواس وطرق الإدراك المختلفة على أنها أدوات لجمع البيانات والمعلومات ثم نستخدم التفكير والمنطق لإعادة ترتيبها وتحليلها لتتكون لدينا المعرفة، وهنا يأتي السؤال كيف نحفظ المعرفة – لا البيانات – فلو أي أعطيتك قائمة من الأشياء (مثلاً: جبل – علم – محيط – أسد) ثم ذكرت لك كلمة «رياح» وطلبت منك أن تذكر أي الأشياء من تلك القائمة التي تذكرك بالرياح، فإنك غالباً ستتذكر (علم – محيط) أما إذا ذكرت «ارتفاع» فإنك قد تختار (جبل – علم) أما إذا قلت «عِزة» فإنك ربما ستختار (علم – أسد)...

وهنا – وبشكل بسيط – يمكننا أن نفهم معضلة حفظ المعرفة أو ما يُعرف بين العلماء بـ «تمثيل المعرفة»، فكيف يمكن للآلة أن تقوم بحفظ المعرفة بنفس طريقة الإنسان؛ فإشكالية حفظ المعرفة هي واحدة من كبرى العوائق أمام الوصول إلى «الذكاء الاصطناعي الشامل»، فكيف للآلة حين تتعلم مبدأ مثل «السرعة» في مسألة قيادة السيارات، كيف لها أن تستخدم نفس المبدأ في مسألة التنبؤ بالأحوال الجوية ومنها سرعة الرياح؟!

1.3.5   اللغة

الإنسان يقرأ ويكتب ويتحدث اللغة وهي وسيلته للتواصل مع الآخرين كما أنها وسيلته لحفظ وتبادل المعارف، ويستطيع الإنسان تلخيص موضوع قرأه أو فيلم شاهده ويستطيع أن يلخص هذا الفيلم في خمس صفحات أو ربما سطرين، ويمكنه تقسيم مجموعة من الكتب والمقالات

إلى مجموعات أصغر على أسس تصنيف مختلفة مثل الموضوع أو الحجم أو دولة المنشأ أو خلفية الكاتب أو حتى على أساس مجموعة من تلك التصنيفات، كما أن كلمات اللغة قد تفهم بشكل مختلف على حسب السياق، فالمعنى البديهي لكلمة «العصر» في كتاب ديني سيختلف عنه في كتاب تاريخي وبالطبع سيختلف كثيراً عنهما في كتاب عن الطبخ.

6.3.1   الذكاء الاجتماعي

إذا أشار أحد الواقفين على جانب الطريق بيده أثناء قيادتك للسيارة فإنك قد تمضي في طريقك أو قد تغير الحارة التي تسير فيها أو قد تتوقف لتسمح له بالركوب معك، بالرغم أنها قد تكون نفس حركة اليد في كل الحالات، ولكن تفسيرك لها قد يختلف باختلاف شكل وهيئة من قام بها، فقد تكون إشارة قام بها ذلك الشخص وقصد بها غيرك من المارة أو السائقين، وقد تكون إشارة تحذيرية لأن سيارته معطلة بعد بضع أمتار على جانب الطريق، وقد يكون نفسه صاحب السيارة المعطلة يريد أن توصله إلى مكان...

أنت في كل الحالات تستخدم «الذكاء الاجتماعي» لتفسر تلك الحركة البسيطة؛ وهو خليط من بعض ما ذكرناه سالفاً من مكونات الذكاء؛ فهو يحتاج إلى «إدراك» ثم «منطق» و «معرفة» محفوظة عن مواقف مشابهة مرت بك، ثم قرارك المبني على مدى تأثير توقفك من عدمه على «التخطيط» الذي قمت به قبل ركوبك السيارة!

حين تقرأ التعليقات على منشور لك على إحدى شبكات التواصل الاجتماعي فإنك قد تقرأ نفس الجملة (مثال: وهل استطعت فعلها حقاً؟) وتفهمها بطرق مختلفة؛ قد تعني لك سخرية كاتبها أو هي سؤال حقيقي منه أو حتى هو سؤال من قبيل المدح والتعجب من قدراتك!

1.3.7   الحركة والقدرة على المناورة

صورة 1.2:   أحد روبوتات شركة بوسطن ديناميكس ويطلق عليه (Spot) وبدأ بالفعل بيعه لبعض شركات الإنشاءات والمصانع.

يُعتبر هذا القسم هو المجال الرئيسي لأبحاث الروبوتات، وهو – كما يتضح من اسمه – قدرة الإنسان على الحركة في محيطه والتنقل من مكان إلى مكان والتخطيط لذلك؛ أي تقسيم ذلك إلى مهام «حركية» بسيطة، وقد تكون عملية التنقل هذه مصحوبة بحمل أحد الأشياء أو إزاحة آخر وهكذا.

وقد وجد العلماء أن العملية الحركية هي أكثر تعقيداً من عملية الاستدلال وأن تعليم الحاسب لعب الشطرنج أو أي لعبة أخرى قد يكون أسهل من تعليمه مهارات حركة طفل عمره سنة واحدة.[2]

Moravec´s paradox [2]

إلا أنه في السنوات الأخيرة قد قفزت أبحاث وتطبيقات الحركة قفزات واسعة وأصبح لدينا روبوتات تقفز وتجري وتتعدى العوائق، إلا أن أغلبها ما زال قيد الاختبار في معامل الشركات أو للعرض في معارض التكنولوجيا حول العالم.

1.4   تعريف الذكاء الاصطناعي

للذكاء الاصطناعي تعريفات عدة ولكن سنختار منها اثنين، أولهما يعرف الذكاء الاصطناعي أنه:

> «هو أحد مجالات علوم الكمبيوتر الذي يهتم بجعل آلة ما أو برنامج ما يتصرف بذكاء»

في هذا التعريف فَهمنا إلى أي أقسام العلوم ينتمي كما فهمنا أنه يتعلق بالآلات والبرمجيات ولكن ما ينقصنا هنا هو فهم كلمة «ذكاء» في سياقها الصحيح وما علاقة هذا الذكاء بذكاء الإنسان، لذلك فلنذهب إلى التعريف الثاني:

> «هو قدرة الآلة على القيام بمهام، لم يتم إعطاء الآلة التعليمات المباشرة اللازمة لتقوم بهذه المهام تحديداً »

فحين تقوم بإدخال المكان الذي تريد الذهاب إليه في نظام الملاحة في سيارتك (GPS) فإن هذا النظام لم يعلم عن وجهتك قبل هذه اللحظة ولم يقم أحدهم بإدخال تعليمات تجعل نظام الملاحة يقودك إلى تلك الوجهة بالذات، فما قام به صانعو نظام الملاحة هو فقط وضع «خوارزميةٍ» ما تُمكّن النظام من إيجاد أفضل الطرق وأسرعها لكي تصل إلى وجهتك أياً كانت، وهو ما يمكن أن نسميه «ذكاءً».

ولكي نفهم المزيد عن ماهية الذكاء الاصطناعي – قبل الخوض في تفاصيله – فلنعدد بعض الأمثلة[3] التي يستخدمها كثير منا، سواء علم أو لم يعلم أنها تعمل بالذكاء الاصطناعي:

اسم التطبيق	المخرجات	المدخلات
تصفية رسائل البريد	بريد مزعج أم لا (spam؟)	رسالة بريد إلكتروني
نظام التعرف على الصوت	نص مكتوب	تسجيل صوتي
ترجمة آلية (مثال: جوجل)	نص عربي	نص إنجليزي
أنظمة القيادة الذاتية	مواضع السيارات	صورة، ومعلومات الحساسات

جدول 1.1:   أمثلة لتطبيقات الذكاء الاصطناعي

ومن هذه الأمثلة نستطيع أن نفهم الشكل العام لأنظمة وتطبيقات الذكاء الاصطناعي، فكما هو واضح في هذا الجدول فلكل تطبيق مُدخلات معينة يقوم التطبيق بمعالجتها لينتج لنا (أو قل يتوقع) المخرجات التي نبتغيها، وتتنوع هذه المخرجات؛ فقد تكون إجابة بنعم أو لا كما في تطبيق تصفية الرسائل أو نص ما أو حتى إحداثيات كما هو الحال في أنظمة القيادة الذاتية للسيارات.

ولنعد هنا إلى التعريف الثاني في ضوء تلك الأمثلة ويمكننا تعريف نظام «تصفية رسائل البريد الإلكتروني» كتطبيق من تطبيقات الذكاء الاصطناعي كما يلي:

> «هو قدرة نظام البريد الإلكتروني على تصفية رسائل البريد الإلكتروني من الرسائل المزعجة التي تصل من أشخاص أو هيئات لم ترسل رسائل إلى صاحب البريد من قبل، كما أن محتوى تلك الرسائل المزعجة لم يصل في أي رسالة من قبل.»

1.5   الذكاء الاصطناعي: الممكن وغير الممكن؟

يمكن أن ننظر إلى تطور الذكاء الاصطناعي كمراحل:

1.   الذكاء الاصطناعي المحدود

هو قدرة الآلة على القيام بمهمة معينة – أو أكثر – تحتاج إلى ذكاء يحاكي ذكاء الإنسان، وتلك المهمة هي مهمة بسيطة في سياق واحد أو مجال واحد مثل مهمة التعرف على وجه أحد الأشخاص من وسط ملايين آخرين. ويمكننا القول إننا ما زلنا نراوح مكاننا في هذه المرحلة، وجل ما استطعنا فعله هو بناء منظومة متعددة الأجزاء يقوم كل جزء فيها بمهمة محددة، ثم تتكامل هذه الأجزاء معاً لتعطينا منظومة متعددة المهام، وليس أقرب لهذه المنظومة من مثال نظام القيادة الذاتية للسيارات والذي تتكامل فيه مهام عدة حتى يستطيع قيادة السيارة.

2.   الذكاء الاصطناعي المتعدد

وهي مرحلة وسيطة بين الذكاء الاصطناعي المحدود والذكاء الاصطناعي الشامل؛ فإذا كان لدينا نظام ما تدرب على القيام بمهمة محددة في مجال ما ثم أمكنه القيام بمهمة أخرى في نفس المجال دون سابق تدريب عليها لاعتبرناه أحد الأنظمة الذكية المتعددة. مثال لذلك أنّ نظام التعرف على الوجوه – الذي ذكرناه عاليه – استطاع التفريق بين صورتي كلب وقطة دون أن يتدرب على هذه المهمة من قبل.

3.   الذكاء الاصطناعي الشامل

ويقصد به أن تقوم الآلة بكل ما يمكن أن يقوم به الإنسان وهي مقاربة شمولية تكاد تغطي جميع الأقسام التي ذكرناها تحت تعريف الذكاء عاليه؛ وهو في صورة أخرى أن يكون لدينا روبوت يحاكي الإنسان في كل مهامه تقريباً من حركة وتفكير وتحدث ...الخ.

وفي حين أن «آيلون ماسك» قد أطلق بالفعل مشروعاً لبناء أول «آلة ذكاء اصطناعي عام» فإن «أندرو إن جي» – أحد رواد الذكاء الاصطناعي في عصرنا – قال في إحدى محاضراته إننا لا نعلم متى يمكن الوصول إلى هذا النوع من الذكاء الاصطناعي[4].

4.   الذكاء الاصطناعي الخارق

هو ذلك الذي نراه في روايات وأفلام الخيال العلمي؛ فنرى روبوتاً لا يمكن تمييزه عن الإنسان إلا أنه يفوقه قدرة على التفكير والحركة، أو برنامج كمبيوتر يحاول السيطرة على العالم لأنه بلغ من الذكاء ما فاق ذكاء البشر.

وطبقاً لما سبق فإن مجال حديثنا سيبقى في نطاق «الذكاء الاصطناعي المحدود» وهنا يضع البروفيسور «أندرو إن جي» معيار بسيط يمكننا به تحديد ما إذا كانت المسألة أو المهمة التي أمامنا يمكن للذكاء الاصطناعي «المحدود» القيام بها أم لا، فالمهمة التي يمكن للإنسان **ذي الخبرة** القيام بها في أقل من «ثانية واحدة» هي ما يمكن للذكاء الاصطناعي القيام بها أيضاً. فالتعرف على مواضع السيارات من حولك أثناء القيادة لا يحتاج لأكثر من ثانية واحدة، والتعرف على صورة أحد معارفك لن يأخذ أكثر من ذلك، إلى آخره من مسائل ومهام شبيهة.

نحتاج في هذا الموضع أن نفسر ولو قليلاً مصطلح «ذي الخبرة». فما الخبرة التي تحتاجها للتعرف على مواضع السيارات من حولك أو التعرف على صورة أحد أصدقائك؟

---

4   Elon Mask آيلون ماسك هو مؤسس شركة تسلا لصناعة السيارات الكهربائية، أما أندرو إن جي Andrew NG فهو أحد أهم الباحثين في مجال الذكاء الاصطناعي، وأيضاً من مؤسسي قسم الذكاء الاصطناعي في جوجل والتي سُمّيت "مخ جوجل" أو Google Brain

رسم توضيحي 1.3:   مستويات الذكاء الاصطناعي.

دعنا أولاً نأخذ مثالاً أكثر وضوحاً، فلو أنك حصلت على صورة أشعة لرئتي أحدهم فإنك لن تستطيع أن تحدد ما إذا كان هذا الشخص مصاباً بالتهاب رئوي أم لا، حتى إن ظللت تنظر مائة عام أخرى إلى تلك الصورة، وذلك ما لم تكن طبيباً متخصصاً «ذا خبرة» في أمراض الصدر، وهنا فلنعد إلى هرم المعرفة مرة أخرى، فخبرة الطبيب أدت به إلى «الحكمة» التي جعلته بنظرة واحدة يستطيع أن يتعرف على الالتهاب الرئوي.

إذن ما هي الخبرة التي تحتاجها كي تستطيع التعرف على مواضع السيارات من حولك؛ ببساطة تحتاج أن تكون شاهدت سيارات من قبل بأحجام وأشكال متعددة وهو ما يتوافر تقريباً لكل البشر، ولكنها ما زالت خبرة مكتسبة مع ذلك، كذلك لا يمكنك التعرف على صورة شخص لم تقابله من قبل، بل وربما تحتاج إلى مقابلته عدة مرات تتغير فيها حالته (من ملبس وطول شعر ولحية...الخ) ثم عندئذ يمكنك التعرف على صورته في أقل من ثانية حتى وإن غيرها السن أو بعض التنكر (نظارة شمسية، غطاء الرأس...الخ).

والحق أنه لا يزال مفهوم الخبرة مختلفاً عند الآلة عنه عند الإنسان، فإن المعلومات التي تتكون بها «الخبرة» عند الآلة، يجب أن تطابق إلى حد كبير تلك المعلومات التي تستقبلها الآلة إذا طلب منها استنباط ناتج ما. فمثلاً لو أنك دربت الآلة فقط على صور جانبية لشخص ما فإنها قد لا تستطيع أن تتعرف على هذا الشخص إذا أعطيتها صورة وجهه من الأمام.

1.6   تحديات في طريق تطور الذكاء الاصطناعي

خلال التاريخ المعاصر لتطور الذكاء الاصطناعي واجه العلماء تحديات كانت هي العقبات الأساسية التي وقفت في طريقهم لكي يصلوا إلى مبتغاهم من الآلة الذكية، والتي وجب علينا الوقوف أمامها قبل أن نكمل رحلتنا في عالم الذكاء الاصطناعي:

- **كمبيوتر قوي (قدرات حاسوبية فائقة)**

لكي يستطيع الكمبيوتر البحث في المعطيات المدخلة وإيجاد النموذج الأمثل للمشكلة قيد البحث مثل «توقع الأرصاد الجوية» أو «التعرف على الوجوه» فإنه لابد أن تتوفر فيه معالجات قوية تستطيع أن تقوم بملايين العمليات الحسابية والمنطقية في الثانية وهو ما لم يكن متوافراً في العقود السابقة، وحتى في وقتنا الحالي فإن الأمر نسبي فكلما تعاملنا مع مسائل أعقد زاد احتياجنا إلى بنيات حاسوبية أقوى وهكذا؛ فتجد نماذج

ذكاء اصطناعي معينة لا يمكن تدريبها إلا في معامل الجامعات الكبيرة وأخرى لا يمكن إلا لشركات في حجم جوجل تطويرها وتدريبها.

- **توافر البيانات**

حتى يمكن للعلماء أو «الآلة» أن يقوموا بحل مشكلة ما فلابد أن تتوافر البيانات والمعلومات الكافية ليتم «التعلم» منها وفهم المشكلة وحلها، وهو بطبيعة الحال ما لم يتوافر في العقود السابقة وحتى في وقتنا الحالي فالمشكلة نسبية أيضاً فيجب علينا توفير البيانات الصحيحة نوعاً والكافية كماً. ومنذ ظهور مواقع الإنترنت التفاعلية التي تسمح للمستخدمين بمشاركة المحتوى وتعديله مثل منصات التواصل الاجتماعي وغيرها، فإن كميات البيانات التي يتم إضافتها في الثانية الواحدة تفوق الذي تم رفعه على الإنترنت حتى تدشين موقع فيسبوك.

- **خوارزميات الذكاء الاصطناعي**

كأي علم آخر لا بد له من الأبحاث المستمرة التي تثمر نظريات تساهم في تطور هذا العلم، وما يميز مجال الذكاء الاصطناعي أنه يعتمد على الخوارزميات[5] وكلما ظهرت خوارزميات أقوى تحسنت كفاءة وسرعة عمل أنظمة الذكاء الاصطناعي. زد على ذلك أن خوارزميات الذكاء الاصطناعي مبنية على علم الاحتمالات وعلم الإحصاء، كما أن جزءاً كبيراً منها لم يكن قد طُور بعد خلال العقود السابقة، فالنقلة النوعية التي حدثت في تقنية الشبكات العصبية كانت نتاج خوارزمية أو أكثر نشرها أحد العلماء لحل مشاكل الشبكات العصبية[6].

---

[5] الخوارزميات أو Algorithms هي مجموعة من الخطوات الرياضية والمنطقية المتسلسلة اللازمة لحل مشكلة ما. وسميت الخوارزمية بهذا الاسم نسبة إلى العالم أبو جعفر محمد بن موسى الخوارزمي الذي ابتكرها في القرن التاسع الميلادي.

[6] قدم بول سمولينسكي عام 1986 "آلات بولتزمن المقيدة" ثم ابتكر جيفري هينتون وآخرون خوارزميات التعلم السريع التي يمكنها العمل مع تلك "الآلات" عام 2006، وهما ما اعتبرهما البعض النقلة النوعية للشبكات العصبية.

الإنترنت في 60 ثانية 2019

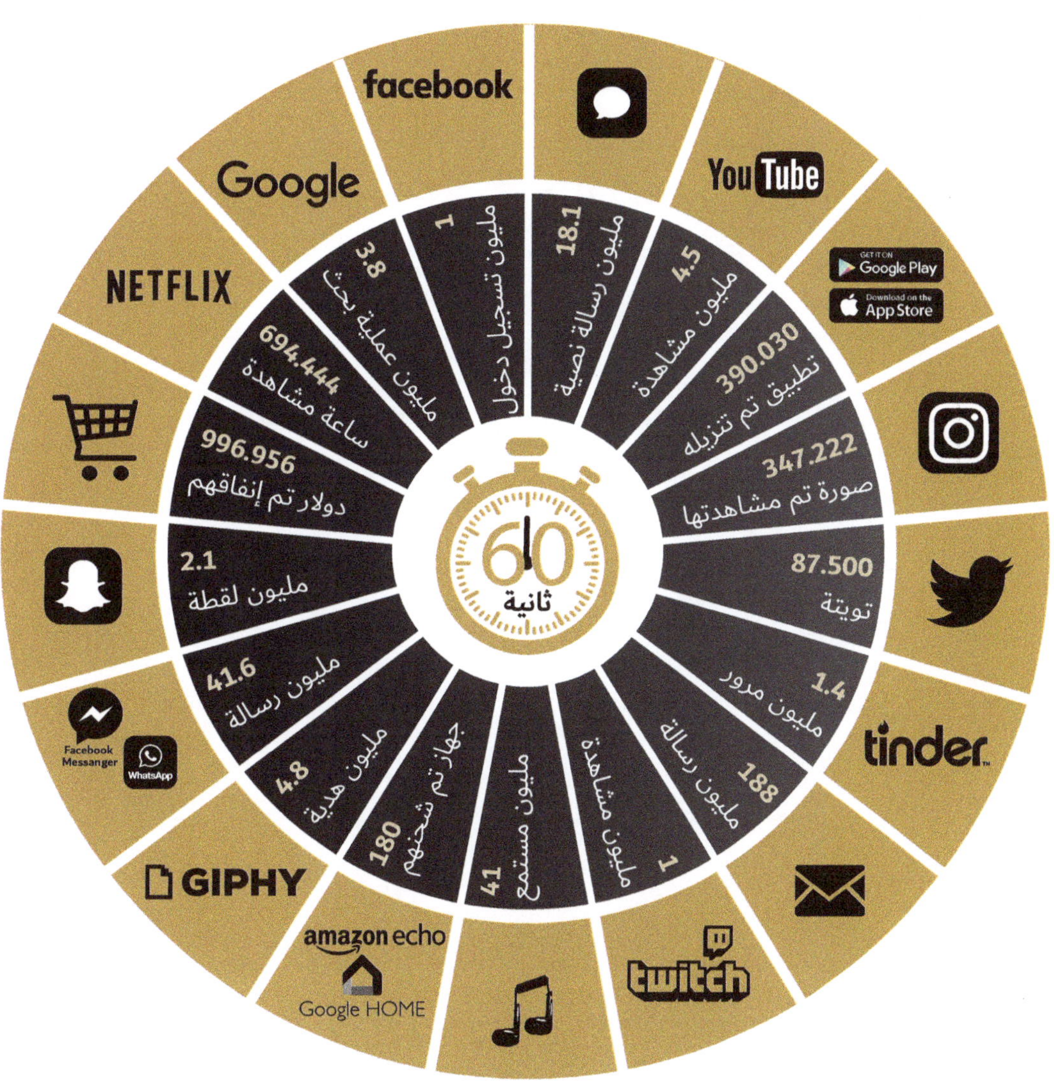

رسم توضيحي 1.4:   البيانات الضخمة في 2019

- **الطاقة المستخدمة**

وهو تحدٍ ظهر مؤخراً مع زيادة استخدام الشبكات العصبية وخاصة «التعلم العميق» حيث تستخدم في تدريب نماذج كبيرة قد تحتوي على ملايين «العصبونات» لمدد زمنية طويلة، والذي قد يبلغ الحد أن تدريب أحد تلك النماذج قد يحتاج الطاقة التي تستهلكها مدينة كاملة في بضعة أيام[7] . وهو أحد أوجه القصور التي تواجه تطور الذكاء الاصطناعي حالياً، فالإنسان يستطيع فقط بـ 20 فولت – وهي القدرة الكهربائية التي يحتاجها المخ – تعلُّم ما لا يمكن لأحد هذه النماذج فعله.

1.6.1   الحوسبة الكمومية Quantum Computing

في العشر سنوات الأخيرة زاد النشاط البحثي في مجال جديد يسمى «الحوسبة الكمومية» أو (Quantum Computing) وهو يقوم في الأصل على أسس «فيزياء الكم» التي هي جزء من نظريات الفيزياء الحديثة.

وتنعقد على الحوسبة الكمية آمالٌ كبيرة في إحداث قفزة نوعية ليس فقط في مجال الذكاء الاصطناعي بل تقريباً في كل مجال من مجالات العلوم و الصناعة، وما يميز الحوسبة الكمومية القدرة الكبيرة على معالجة البيانات بصورة متوازية بحيث إن بعض الخوارزميات التي تستخدم في الذكاء الاصطناعي ستصبح أسرع آلاف أو ربما ملايين المرات.

وبالرغم من مرور سنوات عدة على أبحاث الحوسبة الكمية إلا أنها حتى الآن قيد التطوير والاختبار للنماذج الأولية ولم يظهر منها كمبيوترات كمية يمكن أن تباع تجارياً، ولكن عند نجاح

---

[7]   بروفيسور ديفيد كوكس في إحدى محاضراته في معهد ماسشيوتس للتكنولوجيا عام 2020.

تلك النماذج الأولية فإن عصراً جديداً سوف يبدأ، ولذلك فإننا قد أفردنا فصلاً كاملاً للحوسبة الكمومية في هذا الكتاب.

1.7   مجالات الذكاء الاصطناعي

إذا كان الهدف من أبحاث الذكاء الاصطناعي هو صناعة الآلة الذكية التي تماثل أو تتفوق على الإنسان، فإن مجالات الذكاء الاصطناعي تكاد تغطي كل شيء يستطيع الإنسان فعله، كما أنه توجد أسس مختلفة لتصنيف مواضيع الذكاء الاصطناعي؛ فهناك التصنيف على أساس المقاربة (الطريقة أو Approach) التي تستخدم في كل موضوع، وآخر على أساس التطبيق المستهدف للموضوع، إلا أن تلك التصنيفات تكاد تتقاطع جميعها لأن البشر أنفسهم يستخدمون كل أنواع الذكاء التي ذكرناها معاً.

في الفقرات القادمة سنحاول التركيز على أهم المجالات أو المهام التي تركز عليها الأبحاث والتطبيقات والتي هي بمثابة اللبنات الأساسية لجميع المهام والمجالات الأخرى، وقد يتقاطع تحت كل مجال مواضيع وتصنيفات مختلفة في الذكاء الاصطناعي.

1.7.1   معالجة اللغة الطبيعية

يُعتبر من أقدم مجالات الذكاء الاصطناعي، حتى إن ما يسمى بـ «اختبار تورينج»[8] هو في الواقع اختبار لمعالجة اللغة، ومثله محرك جوجل للبحث في الإنترنت، فهو أحد أهم وأقدم تطبيقات

---

[8]   آلان تورينج هو عالم بريطاني وهو أحد رواد علوم الحاسب ومخترع آلة تورنج التي تعد من أوائل نماذج الحاسب الذي يصلح للأغراض العامة.

الذكاء الاصطناعي. واختبار تورينج يعود إلى مخترعه عالم الرياضيات الإنجليزي «آلان تورينج» والذي أراد به أن يوجِد طريقة لاختبار ما إذا كانت الآلة «ذكية» أم لا!

ماذا لو أردنا أن نجري اختبار تورينج الآن، فكيف سيكون؟ سنعطيك رقمي هاتف كي تحادث صاحبيهما من خلال برنامج واتس آب، أحدهما إنسان والآخر برنامج ذكاء اصطناعي (أو قل آلة)، سنترك لك الوقت لإجراء محادثة مع كل منهما على حده حيث أنك لا تعرف من منهما الإنسان ومن هو الآلة!

إذا لم تستطع بعد إجراء المحادثات الكافية أن تحدد من منهما الآلة ومن هو الإنسان، فعندها نستطيع القول أن هذه الآلة "ذكية."

ويغطي مجال معالجة اللغة أقسام عدة؛ منها البحث في المحتوى، والبحث بالمعنى (حين تبحث في جوجل عن «الذكاء الاصطناعي» فيظهر لك نتائج عن «تعلُّم الآلة» و «الشبكات العصبية») والترجمة بين اللغات، وتصنيف المحتوى والتحليل الدلالي والتلخيص وغيرها الكثير من التطبيقات.

كما يندرج تحت نفس الباب تكنولوجيا معالجة الصوت سواء «تحويل النص المكتوب إلى صوت مسموع» (Text-to-Speech) أو العكس أي تحويل الصوت إلى نص وهو ما يطلق عليه «التعرف على الصوت» ولعلك تعرف جيداً تطبيقات هذه التكنولوجيا جيداً مثل «ألكسا» (Alexa) من أمازون و «سيري» (Siri) من أبل و «كورتانا» (Cortana) من مايكروسوفت.

تكنولوجيا معالجة الصوت – رغم وقوعها تحت باب معالجة اللغة - إلا أنها أصبحت مجال شبه مستقل نتيجة للتركيز عليه من قبل الجامعات والمؤسسات والشركات ووجود تطبيقات عسكرية وأمنية له منذ عقود.

1.7.2 الرؤية الحاسوبية

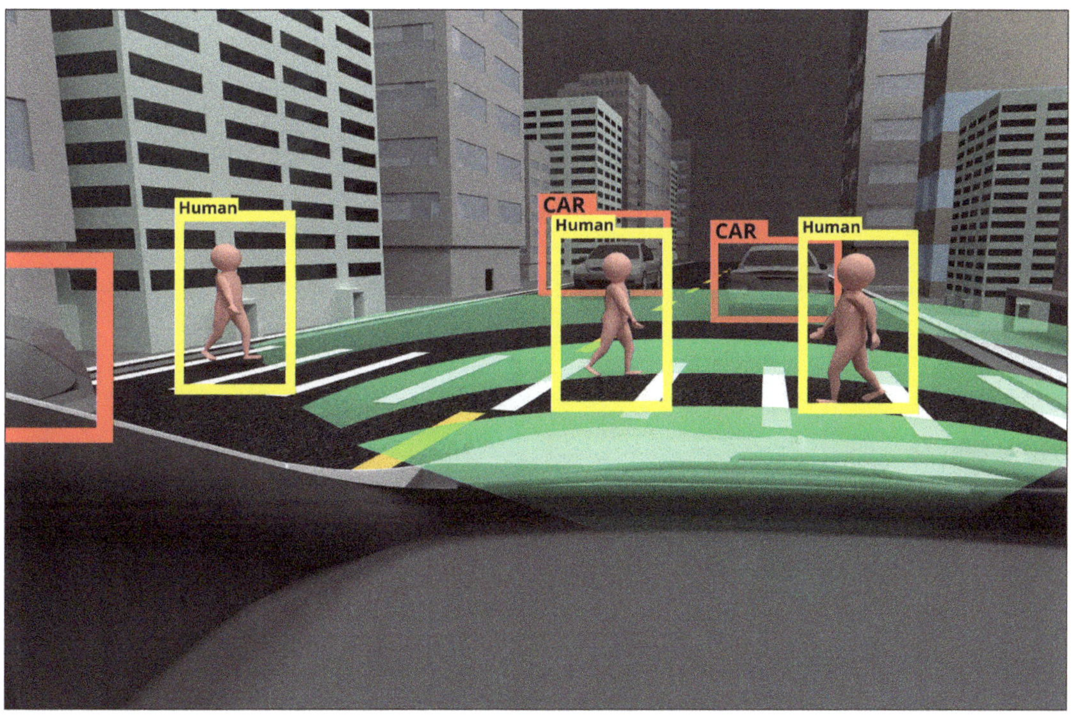

رسم توضيحي 1.5:   السيارات ذاتية القيادة تستخدم تقنيات «رؤية الحاسوب» للتعرف على الأشياء والأفراد من حولها.

وهي محاولة الآلة فهم الصور الثابت منها والمتعاقب – أي الفيديو – كما يفهمها الإنسان، سواء كانت تلك الصور مأخوذة من كاميرا واحدة أو كاميرات متعددة أو حتى من أجهزة التصوير الطبي. وهذا المجال أيضاً من أكثر المجالات بحثاً وتطبيقاً، فأنظمة التعرف على الوجه وتتبع الأشخاص هي أحد تطبيقاتها وهي هناك منذ عقود وآخرها كان استخدام تلك الأنظمة أثناء جائحة كورونا سواء كان ذلك للتعرف على المصابين المحتملين الذين خالطوا

أحد الأشخاص في أحد الأماكن العامة أو بمراقبة تطبيق قواعد التباعد الاجتماعي في أماكن اختلاط الناس كالمراكز التجارية والفنادق والمطاعم وغيرها.

1.7.3   الروبوتات

ولعلنا أسهبنا في ذكر بدايات ذلك المجال والذي هو بطبيعة الحال المجال الأقدم لأبحاث وتطبيقات الذكاء الاصطناعي، وفي العصر الحديث ظهرت الروبوتات منذ ثمانينيات القرن العشرين ولا يكاد يخلو مصنع واحد من المصانع الكبيرة من العشرات من الأذرع الآلية وعلى رأسها مصانع السيارات. في الخمس سنوات الأخيرة حدثت قفزات واسعة في أبحاث محاكاة حركة الإنسان والحيوان، فأصبح لدينا روبوت يقوم بالجري وحمل الأشياء والقفز دورة كاملة إلى الخلف، وروبوت آخر يعمل في المستودعات ومواقع البناء يشبه الكلب وغيرهما.

ساعد على ذلك التقدم دمج تقنيات الذكاء الصناعي الأخرى مثل «الرؤية الحاسوبية» مع تقنيات الحركة حتى يمكن لذلك الروبوت أن يجد طريقه داخل المستودع أو موقع البناء دون أن يصطدم بشيء ما.

1.7.4   الذكاء الاصطناعي الترميزي

هو المجال الرئيس التي بدأت به أبحاث الذكاء الاصطناعي في خمسينيات القرن العشرين وظل لفترة طويلة المحور الرئيسي للجهود التي بذلها العلماء حتى تُوّجت بظهور ما سُمي حينها بـ «الأنظمة الخبيرة» في نهاية السبعينيات وبداية الثمانينيات.

الفكرة الأساسية في هذه الطريقة هو محاولة تمثيل معرفة الإنسان في أحد المواضيع في شكل رموز يمكن للإنسان فهمها وشرحها (وليست رموزاً رقمية كالمستخدمة في برمجة الحاسب بل كلمات كما يظهر في الشكل) ثم ربط هذه الرموز في هيكلية معينة كطريقة لفهم العلاقات بين تلك الرموز.

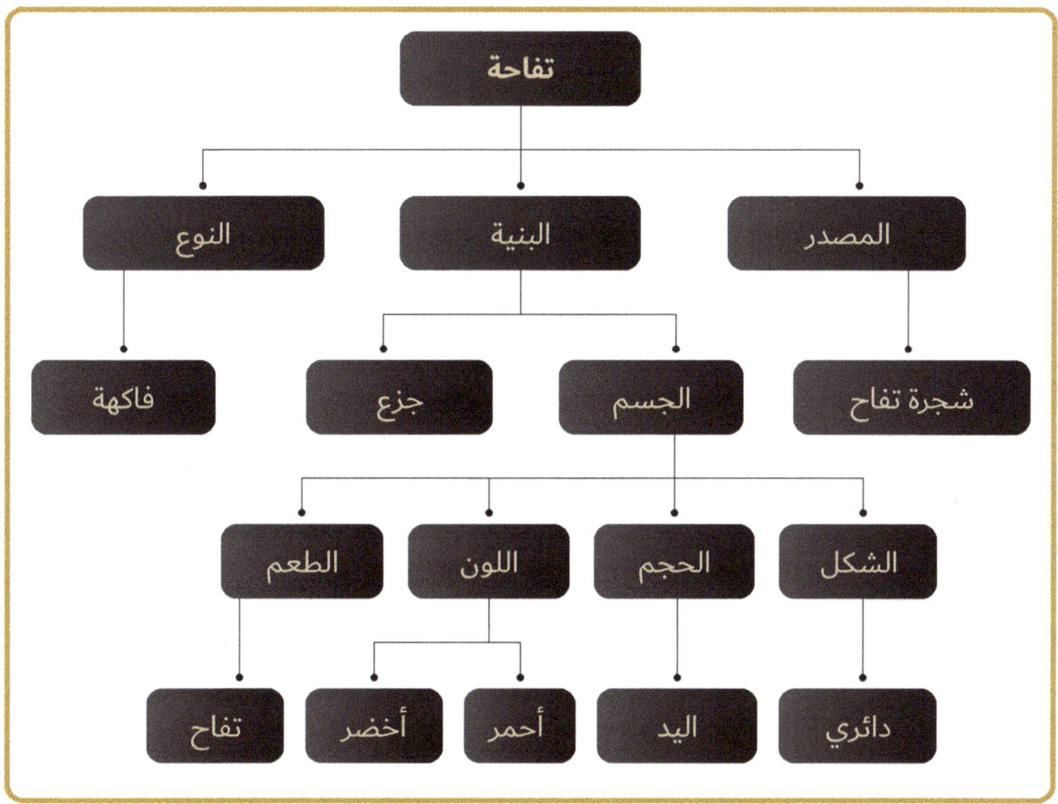

رسم توضيحي 1.6:   مثال لكيفية حفظ «التفاحة» داخل البنية المعرفية

في «الأنظمة الخبيرة» اُستخدمت تلك الهيكيلية لتمثيل القواعد والحقائق في أحد الموضوعات وسمي ذلك «قاعدة المعرفة» وكانت أحد جزأين يكونان النظام الخبير، أما الجزء الآخر فكان «محرك الاستنتاجات» والذي يستخدم «قاعدة المعرفة» لاستنتاج حقائق جديدة.

لكن بعد انتشار تلك الأنظمة وتعاظم الآمال المعقودة على تطورها، فإنها قد أثبتت عدم قدرتها على التعامل إلا مع مواضيع ذات طبيعة (معرفة) محدودة، وأنها تفشل في حال كانت الحقائق والقواعد المراد تمثيلها كثيرة أو يصعب حصرها.

1.7.5   تعلُّم الآلة

كثير من غير المتخصصين أو حتى بعض الكتّاب في مجال التكنولوجيا يحصرون الذكاء الاصطناعي بالكامل في مجال «تعلُّم الآلة» وهو ليس بصحيح؛ والصحيح أن تعلُّم الآلة هو المبحث الذي آتى أُكله أخيراً في بداية القرن الحالي مع نضج «الشبكات العصبية» بالشكل الذي جعلنا نستطيع عملياً الاعتماد عليها في التطبيقات المختلفة والذي كان إيذاناً بانتهاء الشتاء الثاني للذكاء الاصطناعي.

وتعلُّم الآلة يكاد يدخل في كل المجالات الأخرى للذكاء الاصطناعي؛ لأنه طريقة أو وسيلة وليس تطبيقاً في ذاته، فهو يدخل في معالجة اللغة الطبيعية والرؤية الحاسوبية وغيرهما الكثير. ولعل العنوان الأبرز تحت هذا المجال «التعلُّم العميق» والذي هو السبب الرئيس في الزخم الكبير الذي نراه خلف تطبيقات الذكاء الاصطناعي وقد أفردنا فصلاً كاملاً للحديث عن تعلُّم الآلة.

البيانات

2.1   نفط القرن

ظهر هذا المصطلح ربما في السنوات العشرة الأخيرة ولاق رواجاً واستحساناً كبيراً؛ فهو يعبر عن توجه عام في مجال تكنولوجيا المعلومات لجعل البيانات هي محور التطبيقات المختلفة على مواقع الإنترنت أو الهواتف الذكية وهو ما يحتاج أيضاً إلى صناعة الأجهزة والمعدات لتخزين الكميات الكبيرة من البيانات، والبرمجيات اللازمة لحماية تلك البيانات، والأكثر أهمية كان الحاجة لبرمجيات عرض (Data Visualization) وتحليل البيانات (Data Analytics).

وفي الواقع أن البيانات والمعلومات كانت ولا تزال الحصان الرابح حتى قبل وجود تكنولوجيا المعلومات، فالتاجر الذي يعلم عن السوق الذي يتاجر فيه هو من سيربح ويستمر في الربح حتى لو بدأ بقليل من المال، والجيش الذي يملك المعلومات هو الذي يستطيع أن يهزم جيشاً يفوقه عدداً وعتاداً.

والحقيقة أن تسليط الضوء على أهمية البيانات كان لعدة أسباب نتعرض لها في الفقرات القليلة التالية.

2.2   البيانات الضخمة Big Data

تخيل معي ما يمكن أن تعرفه عن أحد أصدقائك أو أقربائك من مجرد تصفح المعلومات العامة التي يسمح لكل الناس بالوصول إليها على الحسابات المختلفة على شبكات التواصل

الاجتماعي، ثم قارن ذلك بما كنت تستطيع أن تعرفه عن نفس الشخص منذ 15 عاماً، ربما كان إنجازاً أن تعرف لأي الشركات أو المؤسسات يعمل، في حين أنك تستطيع أن تعرف عن مزاجه الآن من حالته على Facebook.

إذا كنت أحد العاملين في الشركات الكبيرة أو كنت أحد مدرائها فإنك بالتأكيد ستسمع مستشاري التقنية فيها يتحدثون بلا انقطاع عن التحول الرقمي وأهميته لاستمرارية عمل الشركة وقدرتها التنافسية، أو كنت من العاملين في القطاع الحكومي فلا بد أن هناك مؤشراً للتحول إلى الحكومة الرقمية أو الحكومة الذكية.

التحول الرقمي قد بدأ فعلاً مع توافر وانتشار أنظمة حفظ وإدارة البيانات ثم أنظمة إدارة العمليات والإجراءات داخل الشركات والمؤسسات منذ منتصف ثمانينيات القرن العشرين، وتسارع الاعتماد على تلك الأنظمة الإلكترونية حتى وصلنا الآن إلى مفهوم المعاملات والإجراءات اللاورقية، وفي القلب من ذلك الربط الإلكتروني بين المؤسسات العامة أو الخاصة وداخلها، بل ودمج شبكات التواصل الاجتماعي في أنظمة المؤسسات لتصبح بمثابة واجهات أساسية لوصول العملاء والمستخدمين إلى خدمات تلك المؤسسات لأن أحد أسس التحول الرقمي هو تسهيل تجربة العميل في استخدام تلك الأنظمة.

هذا التطور الهائل في كلا الاتجاهين صاحبه انفجار في حجم البيانات المخزنة وما جعل ذلك ممكناً هو تطور قدرات معالجات الخوادم (Servers) ورخْص وتوافر مساحات التخزين؛ فكل إعجاب على شبكات التواصل وكل مشاهدة لأحد المنشورات وكل تعليق يتم تسجيله، وكل زيارة يقوم بها أحد عملاء موقع أمازون لصفحة أحد المنتجات يتم تسجيلها، فضلاً عن الصور والمرئيات التي تُرفع كل ثانية على المنصات المختلفة.

على الجهة الأخرى في داخل المؤسسات ومع اندثار المعاملات الورقية كما قلنا، فإن كل صغيرة وكبيرة يتم تخزينها في قواعد بيانات المؤسسة: اتصالك بخدمة العملاء، زيارتك لأحد الفروع، الخدمات التي طلبتها، المعاملات المالية التي قمت بها، الشكاوى التي تقدمت بها...

الخ، كل منتج دخل المستودعات بل ومكانه بالتحديد، والكمية المتاحة منه ومتى تم صرف أية كمية ولأية جهة أو فرع، وأي مدير مبيعات قام ببيع أية كمية من هذا المنتج إلى أي عميل وما هي فئة العميل...الخ.

كل تلك البيانات المنظم منها (structured) مثل قواعد البيانات، وغير المنظم (unstructured) مثل الصور والمرئيات وملفات التذاكر والفواتير والتقارير الطبية، هذا الكم الهائل من البيانات هو ما نسميه بـ «البيانات الضخمة».

2.3   دورة معالجة البيانات الضخمة

هل تذكر الهرم المعرفي؟ هذا الهرم هو رمز التطور البشري ونقل المعرفة والحكمة بين الأجيال المتعاقبة، ولكن في عصر البيانات الضخمة والحواسيب الخارقة لا بد أن تتسارع وتتغير عملية بناء الهرم، فكأننا قد جمعنا أجيالاً متتالية من الخبراء والحكماء في مكان واحد وفي عقل واحد.

وقد وضع العلماء دورة ذات خطوات محددة لمعالجة البيانات الضخمة وهي بمثابة عملية إنضاج للبيانات حتى يمكن استخلاص المستويات المختلفة من الهرم المعرفي.

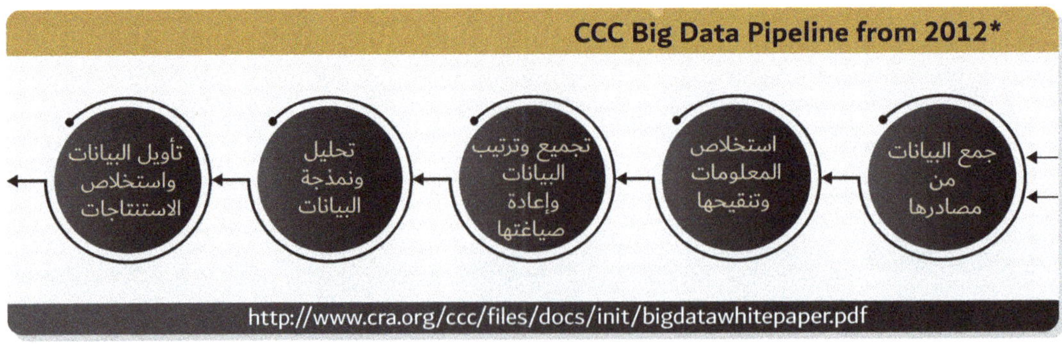

رسم توضيحي 2.1:   دورة معالجة البيانات الضخمة

وفيما يلي وصف الخطوات المختلفة لدورة البيانات الضخمة:

1.   اختيار مصادر البيانات وتسجيلها

البيانات موجودة في كل ما يحيط بنا، فأسماء الأشخاص هي نوع من البيانات، أطوالهم وأوزانهم كذلك، سرعة السيارت، تاريخ بيع المنتج، صورة الأشعة السينية لمريض الصدر...الخ. ما يهمنا في هذه الخطوة هو اختيار مصادر البيانات التي لها علاقة بسياق عملنا، فلون عين العميل إذا تم تسجيله في قاعدة بيانات أحد مواقع التسوق الإلكتروني لن يحدث فارقاً في عمل الموقع إلا لو كان الموقع يبيع منتجات النظارات والعدسات اللاصقة، في حين أن سن العميل هو أحد المحددات الأساسية التي يحتاجها موقع التسوق الإلكتروني في عمليات الدعاية واستهداف شرائح العملاء.

2.   استخلاص وتنقيح البيانات

بحسب كفاءة الأنظمة المستخدمة تختلف جودة البيانات، كما أنه إذا تعددت مصادر البيانات ربما حصلنا على نسخ مختلفة ومتضاربة من نفس حقل البيانات (مثال: رقم جواز سفر عميل شركات الطيران قد يختلف بسبب إصداره لجواز جديد أو بسبب خطأ من مدخل البيانات)، وناتج هذه الخطوة هو «البيانات» كما عرفناها في الهرم المعرفي.

3.   دمج وإعادة تمثيل البيانات

بيانات العميل قد تتواجد في قواعد بيانات أنظمة مختلفة داخل نفس المؤسسة، ففي إحدى شركات السيارات ستتواجد بيانات العميل في نظام إدارة العملاء (CRM) وفي نظام صيانة السيارات، وفي نظام المحاسبة والمالية وغيرها من الأنظمة، ولكي يكون عندنا نسخة كاملة ومتناسقة من بيانات العميل يجب أن يتم دمج السجلات المختلفة

من تلك الأنظمة معاً لنفس العميل، وهنا يمكننا أن نسمي ذلك السجل المدمج «معلومات» العميل طبقاً للهرم المعرفي.

4. تحليل ونمذجة البيانات

وهنا نستخدم البيانات «المختارة المنقحة المدمجة» لبناء نموذج معرفي تحليلي، فبعد دمج بيانات العملاء استطعنا بناء نموذج يقول: «العملاء من الفئة العمرية '30 – 35' ويعملون في وظائف إدارية أعلى من مدير قسم ويسكنون في الحي 'س' يفضلون شراء سيارات السيدان الكبيرة تتراوح أسعارها بين 20 إلى 25 ألف دولار أمريكي». وهذا هو مستوى المعرفة فيه في هرمنا.

5. تأويل البيانات

أو يمكن تسميتها «استخلاص الحكمة» أو خطوة دعم اتخاذ القرار، فالنماذج المعرفية التي بنيناها في الخطوة السابقة وبعد دراستها معاً يمكن للشركة أن تصل إلى قرار:

> «مضاعفة إنتاج السيارات الرياضية في الدول التي تتعدى نسبة الشباب ('15-35' عاماً) فيها حدود 65% من الكثافة السكانية»

2.4   مستودعات البيانات Data Warehouses

إذا أردنا أن نفهم الفرق بين «قواعد البيانات» و «مستودعات البيانات» يمكننا النظر إلى المتاجر الضخمة مثل إيكيا. لكل فرع من فروع إيكيا يوجد مخزن كبير ملحق به حيث يتم ملء أرفف الفرع مباشرة من ذلك المخزن، ومع ذلك فهناك مستودع كبير أو أكثر يتبع

الشركة نفسها ويقوم بتوفير البضائع لعدة فروع معاً، فيتم نقل البضائع التي يحتاجها كل فرع من المستودع إلى مخزن الفرع.

كل مخزن يحتوي على البضائع التي يحتاجها الفرع المرتبط به، وتكون البضائع داخل المخزن مجهزة لتوضع في أماكن العرض سريعاً وبأقل مجهود (مثال: تجميع بعض قطع الأثاث مثل مكتب أو منضدة من عناصرها لإعدادها للعرض). أما المستودعات فهي تحتاج إلى مساحات أكبر وطرق تنظيم مختلفة تناسب الأحجام والأعداد الضخمة ولا يوجد حاجة لأن تتواجد المنتجات أو البضائع في صورة مفردة بل في صورة مجمعة.

كذلك هو الحال لمستودعات البيانات فهي تجمع البيانات من مختلف قواعد بيانات الأنظمة (تشبه الموردين في حالة مستودعات البضائع) وتعيد تجميعها طبقاً لدورة البيانات الضخمة التي ذكرناها عاليه لتصبح جاهزة لبناء النماذج التحليلية وأيضاً تكون مصدر «نسخة الحقيقة الواحدة» داخل المؤسسة أي كما ذكرنا في مثالٍ سابق ستجد نسخة وحيدة منقحة ومجمعة من بيانات العميل داخل مستودع البيانات.

2.5   علوم البيانات

قد يجد البعض صعوبة في التفرقة بين المصطلحين «الذكاء الاصطناعي» و «علوم البيانات» فلنحاول معاً إيجاد ذلك الفرق بينهما.

كل المفاهيم التي ذكرناها في هذا الفصل هي وثيقة الصلة بـ «علوم البيانات»، ويضاف إليها علوم الرياضيات والإحصاء وطرق عرض البيانات (Data Visualization) والقصد هنا أن «علوم البيانات» هي كل ما يخص عملية معالجة البيانات من أول استخلاصها من مصادرها وحتى عرضها وتحليلها.

في الجدول التالي[9] بيانات مواصفات وأسعار بعض المنازل في منطقة ما:

السعر (ألف دولار)	تم تجديده حديثاً	عدد دورات المياه	عدد الغرف	مساحة المنزل (قدم مربع)
115	لا	2	1	523
150	لا	3	1	645
210	لا	1	2	708
280	نعم	3	3	1034
355	لا	4	4	2290
440	نعم	5	4	2545

جدول 2.1:   أمثلة لبيانات مجموعة من المنازل

إذا أعطينا هذه البيانات إلى عالم بيانات فسيخبرنا بالتالي:

«المنازل ذات الثلاث غرف أغلى سعراً من مثيلاتها ذات الغرفتين ولكن لها نفس المساحة» وأيضاً «المنازل المجددة حديثاً أغلى سعراً من مثيلاتها بـ 15%».

أما مهندس تعلم الآلة والذكاء الاصطناعي فسيحول تلك البيانات إلى نموذج استنباطي؛ فإذا أعطيت هذا النموذج: مساحة المنزل، عدد الغرف، عدد دورات المياه، وما إذا كان قد تم تجديده حديثاً، فسيستنبط لك سعر المنزل، أو ربما – على حسب هدفك من النموذج – يعطيك نموذجاً إذا أعطيته ميزانيتك (سعر المنزل) أعطاك أفضل مواصفات للمنزل الذي تستطيع شراءه بهذه الميزانية.

---

[9]   من دورة الذكاء الاصطناعي للجميع «AI for Everyone», Andrew Ng

2.6   إنترنت الأشياء

«في القرن القادم، سترتدي الأرض جلداً إلكترونياً، وستستخدم الإنترنت كسقالة لدعم ونقل أحاسيسها»، هذا ما توقعه الباحث الأميركي نايل جروس، رئيس قسم علم الاجتماع في كلية كولبي بالولايات المتحدة، في نهاية التسعينيات. وهو ما يبدو أنه يتحول إلى حقيقة وواقع في أيامنا هذه.

أنت الآن في سيارتك ذاتية القيادة عائداً من عملك، وفي هذه الأثناء تقوم السيارة بحساب الوقت المتبقي على وصولك إلى المنزل حيث تستخدم خرائط جوجل وخاصية تقدير الزحام المروري، وقبل وصولك إلى المنزل بعشر دقائق قامت السيارة بإعلام «مدير المنزل» بقرب وصولك، والذي قام بدوره قام بتشغيل مكيف الهواء وضبطه على درجة الحرارة التي عادةً ما تضبطه عليها، ثم قام بعدها بتشغيل جهاز التلفاز وضبطه على القناة المناسبة حسب جدول برامجك المفضلة، ولكن في هذا اليوم كانت هناك مباراة هامة تريد مشاهدتها على القناة الرياضية، فعند دخولك المنزل قمت بالنداء على «مدير المنزل» وأعطيت أمراً: «القناة الرياضية» فقام التلفاز بتغيير البث إلى «القناة الرياضية» وقام بضبط إعدادات الإنارة في غرفة المعيشة لتناسب جلسة المشاهدة، وقبل أن يبدأ الشوط الثاني نبّهك «مدير المنزل» إلى قرب موعد اتصالك بأحد العملاء وذلك طبقاً للموعد المحدد برزنامة هاتفك المحمول...

أما هذه القصة فهي ليست خيالية، فقد تكون عشت بعض أجزاءها بالفعل أو أنك تعرف من فعل، وهي قصة أحد تطبيقات إنترنت الأشياء «المنزل الذكي»، وأما «مدير المنزل» فقد يكون «جوجل هوم» أو «أمازون ألكسا» أو غيرهما من الأجهزة والتطبيقات المشابهة.

المنزل الذكي، مثل كل التطبيقات الأخرى لـ «إنترنت الأشياء» مازالت أجزاءه تتطور وتتكامل لتخلق المنظومة الكاملة التي يحلم بها كثير من الناس في بيوتهم، فبعض هذه الأجهزة

والتطبيقات هو قيد الاستخدام بالفعل والبعض الآخر قيد التطوير أو في انتظار توافر إمكانيات تقنية مثل شبكات الـ5G.

2.6.1 ما هي الأشياء؟

لنعد هنا إلى الدكتور نايل جروس وحديثه عن الجلد الإلكتروني للأرض، فكما يتكون الجلد الحقيقي من ملايين الخلايا المتصلة ببعضها البعض، والتي تنقل المعلومات عن العالم الخارجي وتستشعر البرودة والحرارة والألم والضغط، وتعمل كدرع لمنع اختراق الجسم، فإن الجلد الإلكتروني يتكون من ملايين الأجهزة المتصلة التي تعمل كشبكة ذكية تجمع وتتشارك المعلومات والبيانات بلا توقف، لتقوم بمهام كانت حكراً طوال التاريخ على البشر، مثل التحليل والتنبؤ واتخاذ القرارات. هذه الشبكة -أو المفهوم التكنولوجي- يُطلق عليها: إنترنت الأشياء (Internet Of Things- IOT).

والأشياء طبقاً لهذا المفهوم هي كل ما يمكن توصيله بالإنترنت بما في ذلك البشر أنفسهم، فارتداءك للساعات الحديثة التي تقيس مؤشراتك الحيوية وتتعرف على مكانك الجغرافي قد جعلك بالفعل جزء من شبكة «إنترنت الأشياء».

السيارة ذاتية القيادة هي من أهم تطبيقات «إنترنت الأشياء»، كاميرات المراقبة، مستشعرات الأحوال الجوية الموجودة في المراصد، الطوق الإلكتروني الذي يعلقه البعض في عنق حيوانه الأليف لمعرفة مكانه، حتى مستشعرات مواقف السيارات التي تُعلمك بالشواغر في تلك المواقف هي جزء من شبكة «إنترنت الأشياء».

ببساطة، «الأشياء» هي كل الأجهزة التي يمكنها التواصل معاً عن طريق الإنترنت، والتي يمكنها -ويسُمح لها- بجمع وتبادل المعلومات، وتوليد البيانات ومعالجتها، بهدف تحسين عملية اتخاذ القرار وأتمتة العمليات،

تجدر الإشارة هنا إلى أن مصطلح «إنترنت الأشياء» ظهر لأول مرة عام 1999، على يد رجل الأعمال البريطاني كيفن أشتون، وهو أحد مؤسسي مركز أوتو آيدي (Auto-ID Center) التابع لجامعة إم آي تي، وكان ضمن الفريق الذي ساعد في تطوير تقنية تحديد الهوية بموجات الراديو (RFID)، التي تعتمد على وجود جهاز يحتوي على شريحة سيلكون وهوائي، بحيث يتمكن من استقبال وإرسال البيانات من أي «شيء» سواء كان إنساناً أو حيواناً أو آلة.

2.6.2 البيانات الضخمة وشبكات الـ 5G

لو أردنا أن نجد العوامل الرئيسية التي جعلت «إنترنت الأشياء» واقعاً لوجدنا عاملين؛ الأول يتعلق بتطور أجهزة الاستشعار خلال العقد الأخير وتصغير أحجامها إلى درجة مكّنت من وضعها داخل الساعات والملابس وغيرها من الأجهزة صغر حجمها أو كبر، والآخر هو تطور الاتصالات اللاسلكية بحيث تتمكن هذه المستشعرات والأجهزة من إرسال البيانات التي جمعتها إلى برامج معالجة متخصصة لتحليلها، وإرسال النتيجة آنياً إلى الأطراف المعنية سواء أكانوا بشراً أم أجهزة أخرى.

عندما تحدثنا عن البيانات الضخمة كان جلّ حديثنا عن مصادر البيانات التي تتعلق بالأنشطة المباشرة للبشر مثل مواقع التواصل الاجتماعي وغيرها من المنصات التفاعلية وأنظمة الحكومات والشركات، ولكن في ظل ثورة إنترنت الأشياء وتقديرات الخبراء بأن عدد الأجهزة المتصلة بالشبكة الافتراضية لـ «إنترنت الأشياء» قد تخطى حاجز الـ 20 مليار جهاز[10] في عام 2020، فإن الجزء الأكبر من البيانات الضخمة سيكون من نصيب ما يتم جمعه من تلك الأجهزة والمستشعرات، فإن حجم البيانات التي قد يتم جمعها من أنشطة شخص واحد في أحد الأيام مثل عمليات الدفع بالبطاقة للمشتريات، والبيانات التي يقوم بإدخالها في أنظمة

---

[10]   ام آي تي تكنولوجي ريفيو

الشركة التي يعمل بها، ورسائل البريد الإلكتروني التي يرسلها، والمنشورات التي يشاركها على منصة فيسبوك، حجم هذه البيانات قد لا يتخطى حجم الفيديو الذي ستسجله الكاميرا التي يضعها نفس الشخص فوق باب منزله «الذكي» في ساعة واحدة، أو ربما لن يتخطى حجم البيانات التي ستجمعها ساعته الذكية عن مؤشراته الحيوية خلال نفس اليوم.

وهنا تظهر أهمية توافر شبكات لاسلكية عالية الكفاءة تستطيع تحمل نقل هذا الكم الهائل من البيانات كما تضمن وصول هذه البيانات إلى وجهتها آنياً وبدقة عالية دون أخطاء، فالجرّاح المتواجد في اليابان ويجري عملية دقيقة باستخدام روبوت جراحي موجود في الولايات المتحدة لا يمكنه فعل ذلك دون وجود شبكة نقل بيانات عالية السرعة تضمن وصول صورة المريض من الولايات المتحدة إلى اليابان آنياً كما تضمن نقل إشارات التحكم في الروبوت الجراحي بالعكس وبنفس السرعة ودون أخطاء، ودون وجود ضمانة لذلك لانتفى سبب وجود الروبوت وشبكة «إنترنت الأشياء» التي تربطه بالطبيب الجراح.

الأمثلة الأخرى لتطبيقات مشابهة تحتاج نفس الإمكانات كثيرة ومتعددة، لذلك فإن التنافس بين الدول وبعضها على إنشاء والتحكم في شبكات الجيل الخامس 5G على أشده لأنه يعني التحكم في المستقبل وضمان التفوق الاستراتيجي والاقتصادي والاجتماعي.

2.6.3 المدن الذكية

قصة «المنزل الذكي» هي أحد أهم تطبيقات «إنترنت الأشياء» ولكن ما يفوقها أهمية هي المدن الذكية.

المدن الذكية هي أحد أهم مرتكزات خطط التنمية المستدامة، وهي – مثل المنزل الذكي – تقوم على ربط وتكامل كل مرافق هذه المدن وتدفق البيانات من كل قطاعات ومرافق المدينة إلى سحب معالجة البيانات وأدوات الذكاء الاصطناعي.

ففي قطاع النقل ستصبح السيارات ذاتية القيادة هي الشكل – ربما – الوحيد للسيارات وستقوم السيارات بتبادل البيانات بين بعضها البعض إلى الدرجة التي قد لانحتاج معها وجود إشارات مرورية، أو أنها ستتبادل البيانات مع البنية التحتية للمدينة لمعرفة أفضل الطرق التي يجب أن تسلكها إلى وجهتها، وأفضل الطرق قد لا يكون فقط لتفادي الزحام المروري ولكن ربما لأغراض تقليل التلوث البصري والسمعي في بعض المناطق، أو لتفادي مناطق المدارس عند خروج الطلبة، أو لأن السيارة تحتاج إلى إعادة شحن قبل أن تصل إلى وجهتها وهكذا.

أما في قطاع الطاقة فإن استغلال الطاقة الشمسية من خلال ألواح صغيرة نسبياً يتم تركيبها في الأماكن العامة وفوق أسطح المنازل وحتى فوق المقاعد في الحدائق هو أحد مستهدفات المدن الذكية، كما أن ترشيد استهلاك الطاقة عن طريق انتشار مستشعرات الضوء والحركة في أنحاء المدينة وداخل المنازل والمؤسسات ومعالجة البيانات المجموعة من خلال تلك المستشعرات سيسهم في عملية ترشيد استخدام الطاقة بل والتخطيط مستقبلاً لحاجة كل مدينة من الطاقة ربما يوماً بيوم.

قد تكون سمعت أو قرأت عن الدراسات الخاصة بانتشار كوفيد19- والتي تم جمع بياناتها من عينات مياه الصرف الصحي في بعض الأحياء والمدن، وهذه الطريقة في استخدام مياه الصرف الصحي وغيرها من أشكال البنى التحتية هي من صميم تقنيات المدن الذكية، فوجود مستشعرات تقوم بجمع البيانات من مياه الصرف الصحي بصفة مستمرة ومن ثم معالجة تلك البيانات باستخدام تقنيات الذكاء الاصطناعي، قد يكون من أهم عوامل منع انتشار الأوبئة في المستقبل سواء عن طريق توقع حدوثها أو عن طريق السيطرة على مناطق تفشيها، بل إن الأمر قد يتعدى ذلك إلى القدرة على دراسة أنماط الحياة السائدة في كل حي ومدينة والذي سيؤدي إلى اتخاذ قرارات من شأنها تحسين أنماط الحياة لتكون صحية ولائقة لسكان تلك المدن.

الشاهد هنا أنه كما قلنا في البداية أن البيانات هي الثروة الحقيقية والمصدر الرئيس لبناء حضارة في زمننا هذا، وأنها تفوق في أهميتها لنا أهمية النفط للثورة الصناعية في بدايتها.

تعلُّم الآلة

3.1   هل تتعلم الآلة؟

> «دعوني أبدأ بسرد الحقيقة: الآلات لا تتعلم! وإنما ما تفعله «الآلة المتعلمة» في الأساس هو إيجاد صيغة رياضية تنتج – عند معالجتها مجموعة من المدخلات (يطلق عليها «البيانات التدريبية») – المخرجات المتوقعة».[11]

ونقصد هنا بالآلة الكمبيوتر أو الحاسب الآلي، ونعم هي لا تتعلم ولكن عن طريق **الخوارزميات** المختلفة نحاول أن نوجد «معادلة رياضية» أو قل **نموذجاً** نخلقه أو نستخلصه من البيانات المتاحة لنا والتي **تتدرب** عليها الآلة، ثم نستخدم هذه الصيغة الرياضية فيما بعد مع البيانات الجديدة لتُنتج لنا مخرجات تمثل القيمة المستنبطة أو المستنتجة.

هل تذكر مثال المنازل من الفصل السابق، عند استخدامنا لبيانات المنازل التي تمثل هنا البيانات التدريبية فإننا نحاول إيجاد معادلة رياضية يكون مدخلاتها: مساحة المنزل، عدد الغرف، عدد دورات المياه، وما إذا كان قد تم تجديد المنزل حديثاً، ويكون ناتج المعادلة هو ثمن المنزل.

هذا هو تعلم الآلة معبّراً عنه في أبسط صورة ممكنة، كما يمكننا أن ننظر إليه في ظل الهرم المعرفي على أنه عملية استخلاص الحكمة ووضعها في نموذج رياضي، فـ«الآلة المتعلمة» تكاد تحاكي أحد الخبراء في أحد المجالات – العقارات مثالاً – الذي مرت عليه أعوام من الخبرة جعلته يطّلع على بيانات آلاف المنازل وهو ما جعله قادراً في النهاية على تقدير ثمن أي منزل من مجرد الاطلاع على بياناته.

---

[11]   أندريه بوركوف – من كتاب «تعلّم الآلة في مئة صفحة»

لذلك فإن تعلُّم الآلة يمر بمرحلتين؛ الأولى هي **مرحلة بناء النموذج** عن طريق التعلم من البيانات أي إيجاد الصيغة الرياضية التي تتواءم مع البيانات، أما المرحلة الثانية فهي **مرحلة استهلاك أو استخدام النموذج** أو بكلمات أخرى مرحلة إصدار النموذج في شكل منتج يمكن استخدامه من قبل المستخدمين.

في المرحلة الأولى نستخدم خوارزميات لبناء النموذج وهي عديدة ومتنوعة وتعتمد في الغالب على أسس إحصائية ورياضية ولكن أشهرها – والذي أصبح مرادفاً لمصطلح «تعلم الآلة» – هو «الشبكات العصبية».

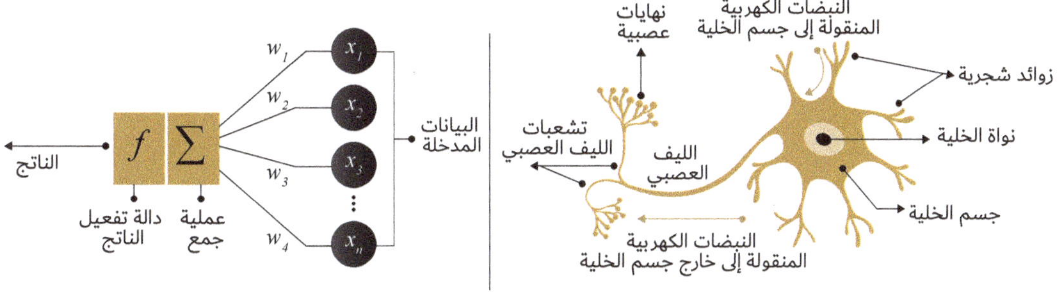

الشكل رقم 3.1:   أ- الخلية العصبية في الإنسان   ب- شبكة عصبية صناعية

3.2   الشبكات العصبية والتعلم العميق

هي محاولة العلماء محاكاة الشبكات العصبية في الإنسان، حيث تتكون من عصبونات أو ما يسمى «عقد عصبية» حيث ترتبط كل عصبونة بأخريات عن طريق نواقل عصبية تنقل الإشارات الكهربية بين هذه العصبونات. محاكاة هذه الشبكات رياضياً ينتج لنا نموذجاً رياضياً شديد التعقيد مما يجعله قادراً على التعامل مع مسائل معقدة في الذكاء الاصطناعي.

الشبكات العصبية الاصطناعية تتكون من مجموعة من العقد – أو النقاط – التي تتراص على هيئة طبقات خلف بعضها كما في الشكل 3.1-ب، وبعيد عن الأسس الرياضية للموضوع فإنّ ما يعرف بـ «التعلم العميق» هو أن يكون لدينا شبكة عصبية تتكون من عديد من الطبقات وليس طبقة واحدة كما في الشكل 3.1-ب.

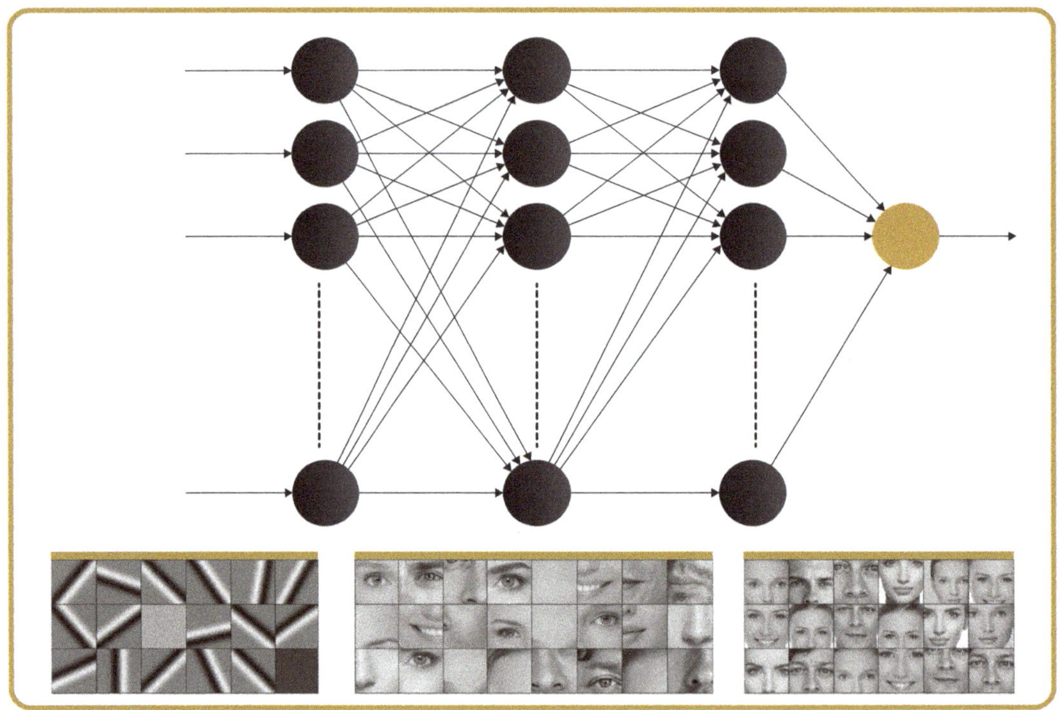

الشكل 3.2:   الشبكات العصبية ومثال كيفية استخدامها في التعرف على الوجوه.

الغالب أنك استخدمت أحد برامج التعرف على الوجه سواء لفتح قفل هاتفك الذكي أو استخدمته عند نشر صورة تجمعك وبعض الأصدقاء على منصة فيسبوك فيتم الإشارة إلى أسماء أصدقاءك من التعرف على صور وجوههم؛ لو أن هذا البرنامج يعمل بأحد نماذج **التعلم العميق** لكان النموذج مكوناً من عدة طبقات، الطبقة الأولى هي للتعرف على أشكال

مثـل الخطـوط والدوائـر، أمـا الطبقـة الثانيـة فيمكنهـا التعـرف علـى تراكيـب مـن نواتـج الطبقـة الأولـى (العيـن هـي عبـارة عـن خـط يمثـل الحاجـب، وشـكل بيضـاوي يمثـل حدقـة العيـن، ودائـرة تمثـل بؤبـؤ العيـن)، ثـم الطبقـة الثالثـة التـي تسـتطيع التعـرف علـى تراكيـب مـن نواتـج الطبقـة الثانيـة وبطبيعـة الحـال فـإن تلـك التراكيـب هـي الوجـه ومـن ثـم يمكـن التعـرف علـى هويـة صاحـب هذا الوجه.

3.3   أنواع تعلم الآلة

هنـاك أنـواع أساسـية تحـت عنـوان تعلـم الآلـة، وهـي بمثابـة اللبنـات الأساسـية التـي يمكـن بهـا بنـاء نظـام متكامـل يعمـل بالذكـاء الاصطناعـي، كمـا أن كل نـوع مـن هـذه الأنـواع يمكـن تنفيذهـا عـن طريـق خوارزميـات مختلفـة أحدهـا والأكثـر اسـتخداماً هـو الشـبكات العصبيـة.

3.3.1   التعلُّم الموجّه

وسـمّي «موجهـاً» لأن البيانـات التـي يتم تدريـب النموذج عليهـا هـي بيانـات معلّمـة (Labeled) أي أننا نحصـل علـى بيانـات تحتـوي المدخـلات والمخرجـات (العلامـات)، مثـل بيانـات المنـازل فهـي تحتـوي علـى مواصفـات المنـزل كمدخـلات وتحتـوي أيضـاً علـى سـعر المنـزل كمخـرج (أو علامـة)، وعـن طريـق تلـك المخرجـات (أو العلامـات) نكـون قـد «وجّهنـا» الآلـة إلـى كيفيـة التعلـم من البيانات المدخلة.

وينقسم التعلُّم الموجّه إلى قسمين أو قل يراد منه القيام بمهمتين:

1. التصنيف

إذا أعطيتك مجموعة من صور السيارات فإنك تستطيع تصنيفها مثلاً إلى صنفين: -1 سيارات ركاب و -2 شاحنات، ولكن نحن نحتاج إلى تعليم «الآلة» كيف يمكنها التعرف على كلا الصنفين، فنقوم بإدخال صور السيارات معلّمة أيها من سيارات الركاب وأيها من الشاحنات حتى تتعلم التفريق بين الصنفين، وينطبق ذلك أيضاً على تعلم اكتشاف كسور العظام من صور الأشعة السينية للمرضى، فيكون هناك صنفان: يوجد كسر ولا يوجد كسر، ويمكن أن تتعلم الآلة عمليات متعدد الأصناف مثل تعلم التعرف على مجموعة من أنواع الحيوانات من صورها.

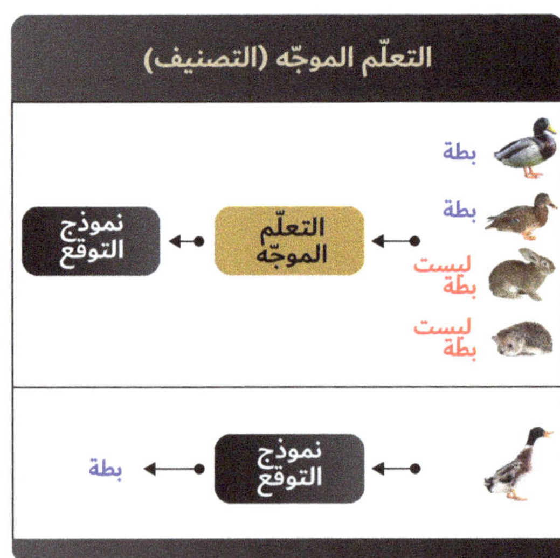

الشكل رقم 3.3:   مقارنة بين التعلّم الموجّه (التصنيف) والتعلّم غير الموجّه (تكوين التجمّعات)

2.   الاستنتاج العددي Regression

فبدلاً من استنتاج الصنف تقوم الآلة باستنتاج عدد ما يناسب البيانات المدخلة، كما هو الحال في مثال المنازل تستنتج الآلة سعر المنزل من مواصفاته، ومثلها تقدير عمر الأشخاص من صور وجوههم، أو تقدير درجة حرارة الجو بناءً على المعطيات الجوية وغيرها الكثير.

3.3.2   التعلُّم غير الموجَّه

وهو أن تتعلم الآلة من البيانات التدريبية «غير المعلّمة» لتقوم بمهام محددة نستعرض أهمها[12] فيما يلي:

1.   تكوين التجمّعات Clustering[13]

إذا أعطينا الآلة مجموعة من بيانات بعض الطلبة في إحدى المدارس وطلبنا منها توزيعهم في عدد محدد من التجمّعات، وكانت البيانات المدخلة هي كالتالي:

السن

---

[12]   لم نذكر أنواعاً هامة أخرى مثل "تقدير الكثافة" و"تقليص الأبعاد" لأنهما يحتاجان إلى شروحات فنية تتخطى نطاق هذا الكتاب ويمكنك الرجوع إلى مصادر أخرى مثل كتاب "تعلّم الآلة في مئة صفحة" لأندريه بوركوف والذي قمنا بترجمته.

[13]   تستخدم بعض المراجع مرادفات مثل "التجميع" و"تكوين المجموعات" ولكن كلتا الترجمتين ترادف مصطلحات أخرى في مجال الذكاء الاصطناعي ولذلك فضلنا هذه الترجمة "تكوين التجمّعات" لتفرد المصطلح بالمعنى المقابل.

- الصف الدراسي
- المادة المفضلة
- متوسط درجات آخر 3 سنوات
- الطول
- الوزن
- عنوان السكن

ستقوم الآلة بمحاولة إيجاد مقياس على أساسه تضع الطلبة المتشابهين داخل «تجّمع» (cluster) واحد، فربما استخدمت مقياس ركب من الطول والوزن والسن، أو مقياس يتكون من عنوان السكن مع السن وهكذا.

2.   اكتشاف القيم الشاذة

تتم كل يوم آلاف أو ربما ملايين العمليات المالية داخل أحد البنوك (دفع بالبطاقة، نقل أموال بين الحسابات وغيرها) ولكن البعض القليل من هذه العمليات هو عمليات «احتيال»، وبالتالي فإن الاعتماد على مبدأ مثل «التصنيف» لاكتشاف تلك العمليات قد لا يكون دقيقاً أو فعالاً، نتيجة لقلة البيانات المتاحة لعمليات الاحتيال مقارنة بالعمليات السليمة والقانونية..إذاً ما هو الحل؟

هنا تأتي تقنية «اكتشاف القيم الشاذة» والتي تحاول إيجاد العمليات التي لا تتشابه مع الأعم الأغلب من العمليات التي تحدث كل يوم في البنك، وتطبق نفس التقنية في حالات اكتشاف مخترقي شبكات الحاسب، فمن بين ملايين عمليات نقل البيانات التي تتم داخل إحدى الشبكات يتم اكتشاف تلك المشكوك فيها وتنبيه مديري ومراقبي الشبكة لاتخاذ اللازم.

3.4   التعلُّم المعزّز Reinforcement Learning

هل تذكر كيف تعلمت الشطرنج؟ ربما بدأت بتعلم القواعد الأساسية للعب، ولكن بعد ذلك وأثناء لعبك مع صديقك تعلمت بعض «الحِيَل» وهذه الحِيَل تقضي بأن تقوم ببعض الخطوات التي قد تكون غير ذات فائدة حتى تصل إلى «كش ملك». ومع مرور الزمن تزداد حنكتك وإتقانك للخدع وقدرتك على الارتجال مع كل «موقف» أو «حالة» جديدة يضعك فيها الخصم.

في «التعلّم المعزّز» نحاول أن ندفع الآلة إلى تعلم القيام ببعض المهام بنفس طريقتنا في تعلم الشطرنج، فالواقع أننا نتعلم إحدى تلك الحيل حين تنجح، ونترك غيرها وننساها إذا فشلت، ونتعلم أن الخطوة الحالية وإن كان ظاهرها الفشل فإنها تفضي بنا إلى النجاح في الوصول إلى الهدف، فقد تخسر بيدقاً لتصل إلى الملكة، وهكذا تكون الحِيَل.

في «التعلّم المعزّز» نضع الآلة في بيئة التعلّم: لعبة الشطرنج، ثم نستخدم معها أسلوب العصا والجزرة!!

إذا كانت الخطوة التي قامت بها الآلة تؤدي إلى الخسارة فإننا نعطيها درجة سالبة، أما إذا أدت إلى النجاح نعطيها درجة موجبة، وكلما كانت الخطوة أقوى سلباً أو إيجاباً، ازداد حجم العقوبة أو الجائزة على التوالي. ويكون هدف الآلة أثناء عملية التعلُّم هو جمع أكبر قدر من الجوائز.

بالطبع تطبيقات «التعلّم المعزّز» تشمل مجالات عدة غير الألعاب، فإنها قد تدخل في عمل السيارات ذاتية القيادة، أو في تنظيم حركة المرور، وهي بالطبع مكون أساسي في عمل الروبوتات بشكل عام.

ويتوقع العديد من الخبراء أن يصبح «التعلّم المعزّز» هو النوع الأقوى والأكثر استخداماً في المستقبل القريب.

التحول الرقمي

4.1   التحول الرقمي

هو العنوان الأشهر في الخمس سنوات الأخيرة وكان ما زاده اندفاعاً جائحة كورونا، وقبل ذلك فقد كان هناك عوامل أدت إلى تسارع عمليات التحول الرقمي للمؤسسات في العقد الأخير.

على أرض الواقع فإن عمليات التحول الرقمي قد بدأت منذ ثمانينيات القرن الماضي مع انتشار الحواسيب الآلية وعلى الأخص الحواسيب الشخصية بحيث أصبحت القدرة على شرائها ليست حكراً على الحكومات الغنية أو الشركات الكبيرة فقط، وانتشرت شركات صناعة البرمجيات التي قامت بتطوير الأنظمة الت تساعد الشركات على تنظيم قواعد بياناتها وشيئاً فشيئاً اتسع نطاق تغطية تلك الأنظمة ليغطي تقريباً كل تفصيلة في عمل أي مؤسسة أو شركة في يومنا هذا.

في العقد الأخير ظهرت شبكات اتصالات الجيل الثالث والرابع والخامس مما أدى إلى سهولة وسرعة تبادل البيانات، كما أصبحت تلك الشبكات أكثر ثباتاً وقوة بحيث إنه يمكن الاعتماد عليها في توفير خدمات المواقع والمنصات الإلكترونية دون انقطاع، ومن ناحية أخرى فإن الهواتف الذكية أصبحت ملازمة لكل شخص بالغ في كل مكان وزمان قد يتواجد فيه، وانتشرت ملايين التطبيقات التي تلبي جميع احتياجات الناس على اختلافاتهم، ولا ننسى ما ذكرناه في الفصل الثاني عن توافر البيانات والبيانات الضخمة والأهم هو ظهور أنواع عديدة من التكنولوجيا مثل «إنترنت الأشياء» والذكاء الاصطناعي و «البلوك تشين» وغيرها الكثير والتي خلقت فرصاً لمختلف المؤسسات والشركات لتطوير أعمالها بالشكل الذي كان مستحيلاً من قبل، ما حدا بهذه المؤسسات والشركات أن تضع التكنولوجيا والأنظمة الإلكترونية في القلب من أعمالها.

إذاً ما هو التحول الرقمي؟

في جملة بسيطة: «أن تقود التقنية توجهات أعمال المؤسسة»، نعم بهذه البساطة، فحتى وقت قريب كانت أقسام تكنولوجيا المعلومات يتم وضعها في الهيكل الإداري تحت مجموعة «الخدمات المشتركة» أو Shared Services أي أنه يتم وضعها مع قسم إدارة المبنى والصيانة وغيرها من الأقسام التي لا تمثل أي مركزية داخل المؤسسة بل ربما تم التعاقد مع شركة خارجية للقيام بأعمال تكنولوجيا المعلومات داخل تلك المؤسسة.

أما الآن فإن مناصب مثل «مدير تكنولوجيا المعلومات» أو CIO من المناصب الرئيسية داخل المؤسسة بل وتفرعت تلك المناصب إلى أخرى مثل Chief Technology Officer و Chief Data Officer، ليعكس ذلك مدى اعتمادية المؤسسة على تكنولوجيا المعلومات.

قبل أن نصل إلى هذا المستوى من التحول الرقمي، كان تواصل أي مؤسسة مع عملائها يتم عبر منافذ حقيقية يعمل بها موظفون يقومون على خدمة العملاء، حيث يتعامل الموظف مع أنظمة المؤسسة ليحقق طلبات العميل، وكانت فرصة العميل في استخدام أنظمة المؤسسة أو خدماتها الإلكترونية تكاد تكون منعدمة، ولكن مع ظهور مواقع التسوق الإلكتروني، فقد ظهر مفهوم جديد هو «الخدمة الذاتية».

ففي أي موقع تسوق إلكتروني يقوم العميل باستعراض المنتجات وإضافتها إلى السلة ثم تحديد طريقة الشحن ثم دفع ثمن تلك المنتجات دون تدخل أي من موظفي الشركة صاحبة الموقع. هذه المهام التي وفرتها «الخدمة الذاتية» كانت تحتاج إلى عدة موظفين في أحد المنافذ يعملون على عدة أنظمة حتى إتمام عملية الشراء.

هل تذكر عندما كنت تحتاج كشف حسابك للشهور الستة الأخيرة من المصرف الذي تتعامل معه، كان عليك أن تزور فرع المصرف وتملأ نموذج الطلب ثم يرسله موظف خدمة العملاء

إلى قسم تقنية المعلومات ليقوموا بطباعته وإرساله إلى الفرع حتى يمكنك استلامه، أنت الآن تستطيع تنزيل ذلك الكشف في ثوانٍ معدودة من التطبيق الخاص بالمصرف على هاتف، وربما تستطيع فتح حساب جديد دون زيارة المصرف لعدة مرات كما كنت تفعل سابقاً!

ومما سبق يمكننا أن نلخص أهم نطاقات عمل «التحول الرقمي» في الآتي:

- **تعزيز تجربة العميل:** يمكنك الآن طلب بيتزا من دومينوز بيتزا من خلال عشر قنوات مختلفة من ضمنها واتساب والفيسبوك، كما يمكنك تصميم خزانة ملابسك ودفع ثمنها من على موقع إيكيا.

- **توحيد وتكامل قنوات المؤسسة:** سواء كانت المؤسسة ربحية مثل الشركات أو خدمية مثل الدوائر الحكومية المختلفة، فلا بد أن تتكامل فيها كل قنوات خدمة العملاء، فطلب الصيانة الذي يصل من خلال مركز اتصال خدمة العملاء، لا بد وأن يظهر على الحساب الخاص بالعميل على موقع الشركة أو تطبيق الهاتف الذكي، كما يمكنك من خلال ذلك التطبيق متابعة وصول مهندس الصيانة إليك من خلال ربط هاتفه النقال بمركز العمليات في تلك المؤسسة.

- **تدفق البيانات وخدمات تحليل البيانات:** كما ذكرنا في الفصل الخاص بالبيانات، فإن جمع البيانات من مختلف مصادرها داخل المؤسسة أصبح ركيزة أساسية لعمل المؤسسة، كما أن تطبيق «دورة البيانات الضخمة» سيؤدي إلى القدرة على تحسين «تجربة العميل» وضمان تدفق البيانات بين «القنوات» المختلفة في المؤسسة.

- **تتبع التكنولوجيا الجديدة وترشيد استخدامها:** لا يمر شهر ولا أقول عام إلا وتظهر تكنولوجيا جديدة ربما أصبحت «موضة» يتحدث الجميع عنها ويحاول إدخالها في

المؤسسة، ولكن لا بد في أي مؤسسة أن يكون هناك جهة تضع استراتيجية التحول الرقمي وكيفية استخدام التكنولوجيا الجديدة دون إهدار موارد المؤسسة.

وأختم هنا بمثال تخيلي؛ قام أحد عملاء شركة البيتزا بإبداء استيائه من خدمة التوصيل، وذلك من خلال منشور على صفحته على منصة فيسبوك، فقام نظام تتبع وتحليل التعليقات في الشركة -الذي يعمل بنظام الذكاء الاصطناعي – بتنبيه الموظف المختص بوجود مشكلة مع أحد العملاء فقام الموظف بالرد عليه للاستفسار عن سبب المشكلة، وفي نفس الوقت قام الموظف بالدخول إلى نظام إدارة علاقات العملاء (CRM) واستخدام أدوات تحليل البيانات فوجد أن ذلك العميل يطلب في أغلب الوقت بيتزا من نوع «س» فقام بإنشاء كوبون خصم على هذا النوع من البيتزا ووضعه في الرد على تعليقه على منشور الفيسبوك كترضية من الشركة وحفاظاً على سمعتها أمام العملاء الآخرين.

4.2   البنية المؤسسية وإدارة التحوّل

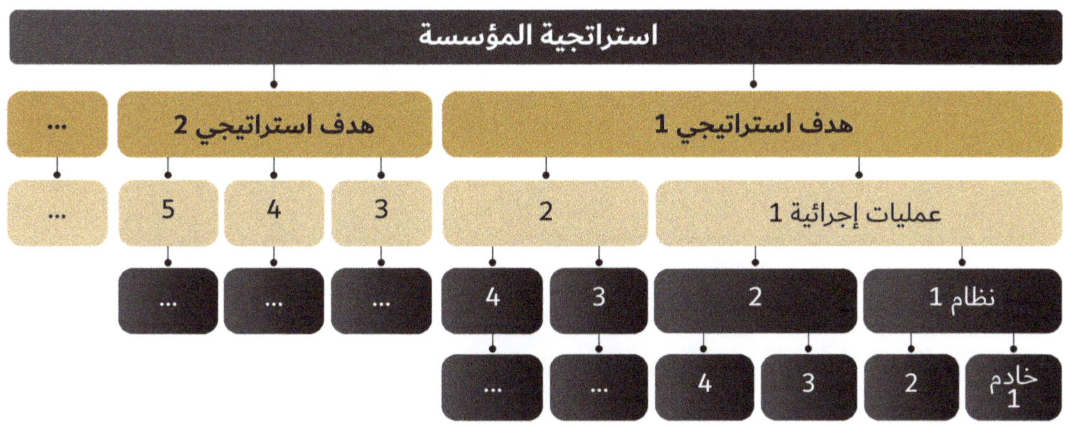

رسم توضيحي 4.1:   النظرة الشمولية للمؤسسة من خلال مفاهيم البنية المؤسسية

كما ذكرنا في القسم السابق من هذا الفصل أن أدوار مدراء تكنولوجيا المعلومات ارتقت في خلال العقد الأخير لتصبح من الأدوار المركزية داخل أي مؤسسة، بل وأصبح لها تمثيل هام داخل مكتب استراتيجية المؤسسة عن طريق معماريي البنية المؤسسية.

البنية المؤسسية هي إطار عمل وعملية إجرائية تنظر إلى المؤسسة بصورة شمولية تمكنها من رفع المخططات الحالية للمؤسسة ووضع وتصميم المخططات المستقبلية كذلك، حيث تهدف البنية المؤسسية إلى تحقيق الأهداف الاستراتيجية للمؤسسة عن طريق المواءمة بين أعمال المؤسسة (Business) وتكنولوجيا المعلومات فيها.

وتبدأ البنية المؤسسية في عملها من المستوى الذي يلي الاستراتيجية مباشرة حيث تعتبر الأهداف الاستراتيجية مدخلات أولية إلى عملية تطوير البنية المؤسسية، ومن تلك الأهداف تنبثق المبادرات وعلى رأسها مبادرات التحول الرقمي، وكما هو موضح في الشكل رقم 1، فإنّ كل هدف استراتيجي يتطلب تحقيقه عمليات أعمال (Business Processes) مختلفة بحيث إن الهدف الاستراتيجي قد يتشارك مع هدف آخر في عملية أو أكثر، ثم بدورها تتشارك العمليات المختلفة كذلك في نظام إلكتروني أو أكثر لأتمتة تلك العمليات، وكل نظام يحتاج إلى خوادم وشبكات وغيرها من أجهزة تكنولوجية ليقوم بعمله.

4.2.1 آلية عمل البنية المؤسسية في إدارة التحول داخل المؤسسة

هنا سنستخدم مثالاً حتى نعي كيف تكون البنية المؤسسية أداة فعالة في قيادة التغيير داخل المؤسسة باستخدامها تلك النظرة الشمولية والتصور الطبقي للمؤسسة.

شركة ما وجدت أنه لكي تصل إلى حجم قاعدة العملاء المستهدف استراتيجياً فإنه يجب عليها بناء فروع في كل المناطق الجغرافية التي تعمل بها بدلاً من الاعتماد فقط على الموزعين الخارجيين وعليه فإن معماريي البنية المؤسسية قاموا بالتحليل التالي:

1. في البعد العملياتي business process wise: لا يوجد عمليات أو آليات محددة للتواصل مع تجار التجزئة، واستحداث هذه الآليات يتطلب استحداث وظائف جديدة وتعديلاً في هيكلية الشركة

2. في البعد التشغيلي operational wise: لا يوجد مركز اتصال أو خط ساخن يمكن للعملاء التواصل مع الشركة من خلاله

3. في البعد التشغيلي: البرمجيات وقواعد البيانات الحالية لا تناسب متطلبات التشغيل الجديدة من تعدد الفروع وتغير نوع العملاء من موزعين إلى موزعين وتجار تجزئة وبالتالي زيادة مطردة في عدد العمليات اليومية على قواعد البيانات

4. في البعد التشغيلي: الشركة كان تعتمد على بنية تحتية محدودة لخدمة الفرع الرئيسي فقط، ولخدمة الفروع الجديدة يجب إنشاء مركز بيانات وتمديد وسائل الاتصال بين المركز وفروع الشركة

ومن ثمّ فإن مبادرة التغيير هذه في أعمال الشركة ستتحول إلى مجموعة من المشاريع في مجالات متعددة، مثل:

- مشروع إداري لاستحداث الإجراءات والآليات المطلوبة لعمل الفروع
- مشروع للموارد البشرية لتعيين وتسكين الكوادر المناسبة للعمليات والإجراءات الجديدة
- مشروع البنية التحتية والاتصالات
- مشروع تعديل وبناء وشراء البرمجيات اللازمة لعمل الفروع ومركز الاتصال
- مشروع في القسم المالي لاستحداث العمليات المالية التي تغطي العمليات والعملاء الجدد والمختلفين

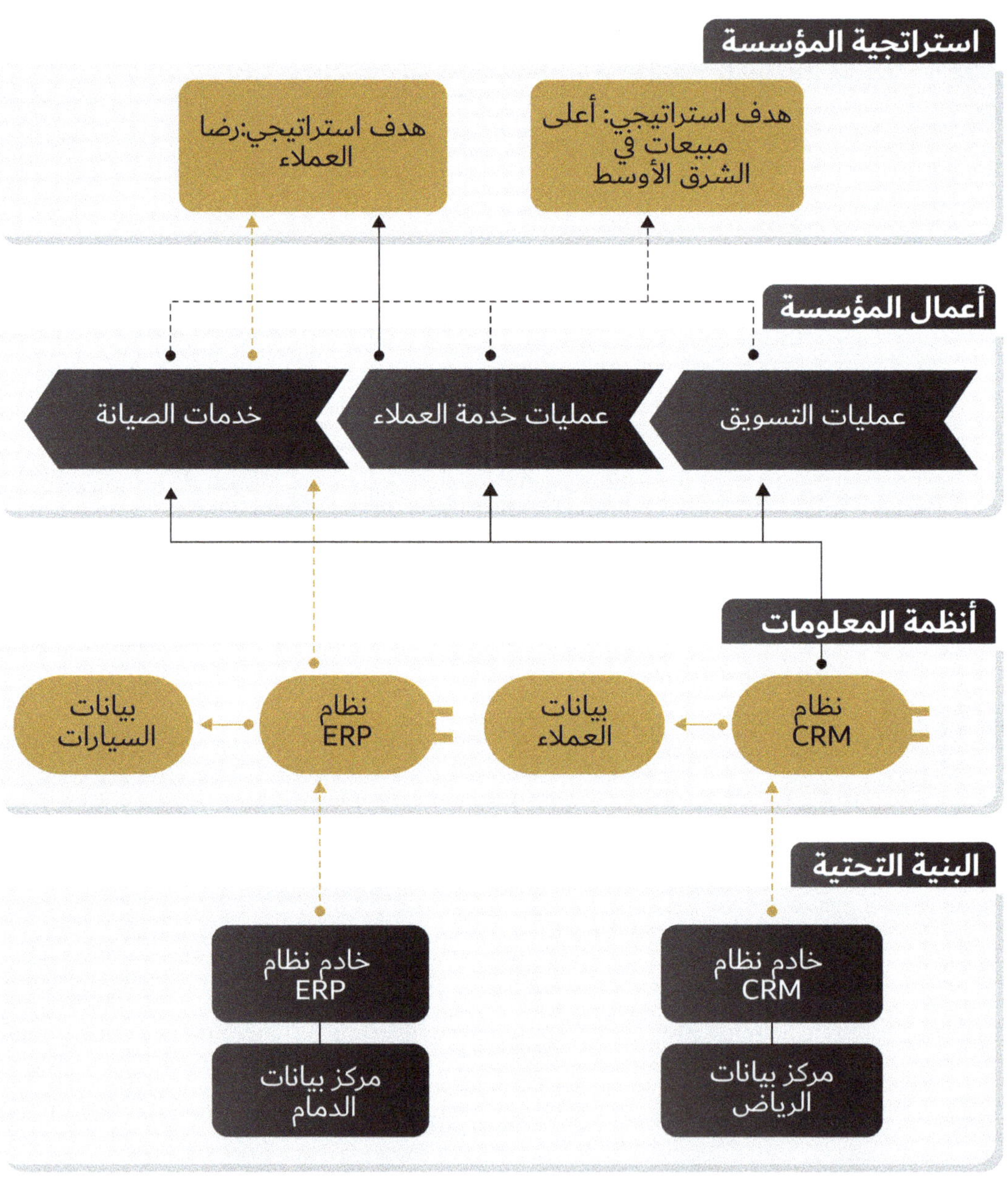

رسم توضيحي 4.2:   مخطط (تخيلي) البنية المؤسسية لإحدى شركات بيع وصيانة السيارات

ثم يقوم معماريو البنية المؤسسية بتنظيم هذه المشاريع في سلسلة من المبادرات المتتالية للوصول إلى الأهداف النهائية بحيث يضمن هذا التسلسل عدم تأثر أعمال الشركة سلباً بسبب عملية التحول الجارية.

4.3   محاور عمليات التحول في المؤسسات

أدى انتشار التكنولوجيا وزيادة الاعتماد عليها إلى زيادة حجم الاستثمارات فيها بالشكل الذي جعل عمالقة التكنولوجيا يتربعون على رأس قائمة الشركات ذات القيمة السوقية الأكبر في العالم بل وكسرَ بعض هؤلاء العمالقة حاجز التريليون دولار.

ولكن للأمر أيضاً مساوئ، فأينما تركز المال تداعت إليه الصحافة وشركات الميديا والتسويق، وأصبحت الصحافة التكنولوجية حاضرة في كل القنوات الإعلامية وبقوة، وأصبحت الأخبار والإشاعات عن شركات التكنولوجيا تحرك أسواق المال وتجذب المشاهدين والقراء حتى العامة منهم، فكان من سلبيات ذلك أن مدراء المؤسسات والشركات الكبرى كانوا عرضة لتلك الأخبار التي تضخم تكنولوجيا ما قبل أن تصل تلك التكنولوجيا إلى المستوى الآمن من النضج، مما أدى في أحيانٍ كثيرة إلى إهدار مبادرات المؤسسات وأموالها على أنواع جديدة من التكنولوجيا كان مصيرها الفشل في النهاية، أو حتى إنفاق الأموال على تكنولوجيا غير قابلة للتطبيق بدلاً من الانتظار حتى نضج هذه التكنولوجيا وما يصاحب ذلك من تقليل تكلفتها على هذه المؤسسة.

إذاً ما هي محاور التحول داخل المؤسسة؟

الموارد البشرية، والعمليات الإجرائية، والأدوات والأنظمة.

حتى تنجح أية محاولة للتغيير أو التحول داخل المؤسسة يجب أن يعمل القائمون على التغيير على المحاور الثلاثة معاً، وإلا فالغالب أن مصير هذه المحاولة هو الفشل بالتأكيد.

من خلال خبرتي فإن أكثر ما رأيت سبباً لفشل مبادرات التغيير في المؤسسات هو إهمال محور الموارد البشرية، والتركيز على الأدوات والأنظمة، فنجد أن بعض المؤسسات تسارع إلى إنفاق مبالغ طائلة على شراء برمجيات وأنظمة وأدوات، ظناً من متخذي القرار أن تلك الأنظمة التكنولوجية المتقدمة هي الحل السحري للمشكلة التي يواجهونها، وبالطبع في ظل ذلك الزخم المستمر سواء من الإعلام أو من الموردين الذين يحاولون تحقيق مكاسب بأي شكلٍ كان.

الذكاء الاصطناعي لا ينبغي أن يكون هدفاً في ذاته لأي مؤسسة، فلا يمكن أن يكون التوجه الآتي من الإدارة العليا بوجوب استخدام الذكاء الاصطناعي في أعمالنا بأية طريقة حتى نواكب التطور وننافس الشركات والمؤسسات الأخرى، ولكن يجب أن يوضع الذكاء الاصطناعي في السياق الطبيعي لمبادرات تطوير المؤسسة وتحقيق أهدافها الاستراتيجية بالطريقة التي ذكرناها فيما سبق من هذا الفصل.

في الفصل القادم نضع معاً خارطة التحول إلى تكنولوجيا المستقبل.

الفصل الخامس
خارطة الطريق

في هذا الفصل نضع خطوات التحول إلى استخدام تكنولوجيا المستقبل – وبالأخص الذكاء الاصطناعي – في أي مؤسسة، وليس المقصود هنا الشركات أو المؤسسات التي تتخصص في الذكاء الاصطناعي، ولكن المؤسسات والشركات التي تريد استخدام الذكاء الاصطناعي كأداة تساعدها على تحقيق أهدافها الربحية وغير الربحية.

5.1   استكشاف الطريق

كما ذكرنا سابقاً فإن معدل تطور التكنولوجيا وظهور الجديد منها يكاد لا ينافسه تطور في مجال آخر من العلوم، لذلك فقد وجب على أي مؤسسة أن تخصص إحدى الوظائف في قسم الاستراتيجية أو التخطيط لاستكشاف الجديد في مجال التكنولوجيا، بحيث يكون هناك تقرير ربع سنوي يُرفع إلى مدير التكنولوجيا في المؤسسة (أو ربما مجلس إدارة المؤسسة) والذي يحتوي على العناصر الرئيسية التالية:

- الأنواع الجديدة من التكنولوجيا التي ظهرت حديثاً مع شرح مبسط عن كل نوع

- حالة التكنولوجيا المستخدمة حالياً في داخل المؤسسة ومستقبلها وجدوى الاستثمار فيها عن طريق شراء أنظمة جديدة، أو استبدالها في حال ظهور مؤشرات بقرب خروجها من السوق

- اختيار بعض أنواع التكنولوجيا الجديدة للقيام بعمل أبحاث عنها لتبنيها من قبل المؤسسة

- تقرير عن المؤسسات المنافسة (أو المشابهة في حالة المؤسسات الحكومية) من حيث استخدامها للتكنولوجيا وتأثير ذلك على تنافسية المؤسسة.

غالباً ما سيقوم بهذا الدور أخصائيو البنية المؤسسية، حيث يمكن استخدام هذا الأسلوب بشيء من التخصيص في حالة الذكاء الاصطناعي، فمتابعة التطبيقات المختلفة للذكاء الاصطناعي أصبح شيئاً لا مفر منه، واقتناص المناسب منها لأعمال المؤسسة لم يعد نوعاً من الرفاهية.

5.2   فريق عمل الذكاء الاصطناعي

هناك دائما طريقان يمكن لأي مؤسسة سلوك أحدهما لبناء القدرات الجديدة التي تحتاجها؛ إما أن تقوم المؤسسة باختيار بعض الموردين ليلبوا احتياجاتها لهذه القدرات الجديدة، أو بناء فريق داخلي تستطيع الاعتماد عليه تماماً في أداء العمل المطلوب.

وفي الواقع -وخاصة فيما يخص قدرات الذكاء الاصطناعي- فإنه يجب على المؤسسة توظيف فريق يمثل الحد الأدنى من قدرتها على تنفيذ مشاريع الذكاء الاصطناعي، وذلك نظراً لأن مجال الذكاء الاصطناعي لا يزال جديداً إلى حد كبير، بحيث إن السوق مليء بمن يدّعون امتلاك تلك القدرات على عكس حقيقتهم. كما أن خصوصية بيانات المؤسسة تستلزم وجود من يحمي تلك البيانات ممثلاً للمؤسسة، لذلك نوصي بوجود فريق متخصص في حده الأدنى من عدد الأعضاء وعدم الاكتفاء بأحد مدراء المشاريع لإدارة المشروع مع المورّد كما هو الحال في أغلب المشاريع الخارجية.

5.2.1 عالم البيانات

هو ذلك المتخصص في البيانات وعلوم الإحصاء والذي لديه القدرة على تنفيذ خطوات «دورة البيانات الضخمة» التي ذكرناها في الفصل الثاني، وهو قادر على القيام بعمليات تحليل البيانات ووضع الفرضيات لفهم ما تعنيه تلك البيانات.

5.2.2 مهندس الذكاء الاصطناعي

وهو الخبير ببناء برمجيات الذكاء الاصطناعي، وبالأخص بناء النماذج المختلفة وتحسين كفاءتها ودقتها وترشيدها، وغالباً ما يكون متخصصاً في تعلُّم الآلة والتعلم العميق، ويعمل جنباً إلى جنب مع عالم البيانات.

5.2.3 خبير المجال

لكل شركة أو مؤسسة مجال أعمالها، فهناك المجال المصرفي، والمجال الطبي، والمجال الزراعي وغيرها من المجالات. في كل مجال من تلك المجالات يجب أن يتواجد خبير يستطيع فهم المشاكل والتحديات التي تواجه المؤسسة، بل ويستطيع أن يقترح بعض المسائل التي يمكن العمل عليها لتحسينها أو تقليل المخاطر فيها. هذا الخبير يقوم بدور حلقة الوصل بين العاملين في المؤسسة من جهة وبين فريق الذكاء الاصطناعي من الجهة الأخرى، فهو بمثابة المترجم بين لغتين: لغة المجال ولغة البيانات والذكاء الاصطناعي، لذلك فإنه يجب أن يتم اختياره ممن يملكون القدر الكافي من فهم التكنولوجيا والتعامل مع مهندسيها.

5.3   البنية التحتية للبيانات

هل لديك بنية تحتية ناضجة للبيانات؟ هل طبقت ما شرحناه في الفصل الثاني، هل لديك مستودع بيانات أو أكثر في مؤسستك، هل حددت سياسة واضحة لإدارة البيانات في المؤسسة، هل أوجدت معايير لقياس جودة البيانات في قواعد بيانات الأنظمة المختلفة؟

إذا لم تصل مؤسستك إلى درجة النضج الكافي فيما يخص إدارتها للبيانات فإنه قد يكون حان الوقت لإطلاق مبادرة خاصة بتنظيم البيانات في كامل المؤسسة بما يتوافق مع «دورة البيانات الضخمة» ولا يمكن تحقيق ذلك دون تحقيق تقدم في أحد أهم محاور «التحوّل الرقمي» التي ذكرناها في الفصل السابق، وهو «توحيد وتكامل قنوات المؤسسة».

الذكاء الاصطناعي وتعلُّم الآلة يعتمدان بشكل شبه كامل على البيانات وتوافرها وجودتها، لذلك فيجب النظر إلى الذكاء الاصطناعي على أنه إحدى المراحل المتقدمة في نضج المؤسسة تكنولوجياً.

5.3.1   مراحل نضج بنية البيانات في المؤسسة

نستطيع قياس نضج المؤسسة بياناتياً من خلال مؤشرين رئيسيين: أولهما قدرالمؤسسة على الاعتماد على تلك البيانات في اتخاذ قرارتها، وهو ما يتطلب دقة واتساق هذه البيانات، وثانيهما هو قدرة المؤسسة على الإفادة من تلك البيانات من ناحية توافر أدوات تحليل البيانات والتي يأتي على رأسها نماذج الذكاء الاصطناعي، وفيما يلي مراحل خمسة تمثل درجات نضج المؤسسة بياناتياً:

رسم توضيحي 5.1: كلما ازداد نضج المؤسسة بياناتياً قل الاعتماد على العمل اليدوي فيها وأوكل الأمر إلى أنظمتها.

1. إصدار التقارير

هي التقارير المعتادة التي يتم في الغالب تصميمها بغرض الطباعة أو إرفاقها كنوع من التقارير الدورية، وهي تحتوي قوائم بالسجلات المطلوب التقارير عنها وبعض الإحصائيات المباشرة. مثال: قائمة بيانات المنازل المباعة في الربع الأول من العام الحالي عن طريق مكتب الشركة في وسط المدينة. غالباً هذا النوع من التقارير يعتمد على قاعدة بيانات أحد الأنظمة (في المثال السابق: نظام إدارة المبيعات)

2. بناء لوحات المعلومات والإحصائيات

وهي لوحات تفاعلية تعتمد على إحصائيات تجميعية، ويمكن للمستخدم تعديل عوامل التصفية المتنوعة في نفس اللوحة للوقوف على العوامل المؤثرة على الإحصائيات المستهدفة. مثال: لوحة بيانات تشمل أعداد المنازل المباعة في الأعوام المختلفة وثمن

بيع تلك المنازل، مع القدرة على تصفية هذه الإحصائيات، بعدد غرف المنزل، مساحة المنزل، اسم البائع، الفئة العمرية للبائع، اسم مدير البائع، أسماء مكاتب العقارات التي أتمت عمليات البيع، مع وجود رسومات بيانية لتوضح تلك الإحصائيات. يحتاج هذا المستوى إلى تكامل ما بين بيانات الأنظمة المختلفة (في هذا المثال: نظام المبيعات، نظام المالية، نظام الموارد البشرية).

3.   القدرة على الاستنتاج

استخدام الذكاء الاصطناعي في توقع أسعار المنازل أو توقع أرقام المبيعات لأحد البائعين في العام القادم.

4.   دعم القرار

أن تصبح برمجيات الذكاء الاصطناعي داخل المؤسسة قادرة على إصدار توصيات لدعم متخذي القرار، مثال التوصية بشراء قائمة من المنازل لرخص سعرها ولتوقع القدرة على بيعها بأسعار أكبر في العام القادم.

5.   اتخاذ القرار

أن تصل ثقة المؤسسة بأنظمة الذكاء الاصطناعي إلى مرحلة اتخاذ القرار بالنيابة عنها، مثل أن تقوم برمجيات الذكاء الاصطناعي بتجديد أسعار المنازل المستهدف بيعها.

5.4 البنية التحتية للتكنولوجيا

5.4.1 القدرات الحاسوبية

تدريب النماذج عن طريق الخوارزميات المعقدة مثل الشبكات العصبية والتعلم العميق يحتاج إلى وجود أجهزة حاسب قوية قد تختلف في مواصفاتها عن الحواسيب العادية.

غالباً تعتمد الحواسيب العادية على المعالجات المركزية الكلاسيكية (CPU) التي تتوافر في كل أنواع الحاسب بما فيها الخوادم (Servers)، ولكن المتطلبات العالية للقدرات الحاسوبية (Computational Power) المطلوبة لعمل تلك الخوارزميات تحتاج أنواعاً أخرى تسمى «معالجات الرسوميات» أو GPUs.

المعالجات الرسومية هي المعالجات الموجودة في «بطاقة العرض المرئي» أو (Display Card) وهي المعنية أساساً بتصدير الرسوم إلى أجهزة العرض مثل الشاشات، حيث تقوم بتسريع معالجة الرسوميات بأنواعها بما فيها الرسوميات ثلاثية الأبعاد، حيث إنها تحتوي على قدرات خاصة تميزها عن المعالجات المركزية من حيث قدرتها على معالجة كميات كبيرة من البيانات في مسارات متوازية وباستخدام خوارزميات متقدمة ومعقدة لا تتوافر في المعالج المركزي.

ثم ظهر نوع آخر من المعالجات وهو FPGA وتتميز هذه المعالجات بأنها قابلة للبرمجة على حسب المهمة المراد منها القيام بها، وهي بذلك تعطي مرونة في استخدامها بالإضافة إلى قدراتها الأخرى المشابهة للـ GPUs.

أما ما تنعقد عليه الآمال – كما ذكرنا سابقاً – فهو الحاسب الكمومي أو Quantum Computer والذي لأهميته أفردنا له أكثر من فصل حيث إن متخذ القرار يحتاج إلى التعرف على الإمكانات والتحديات التي ترافق هذه الحواسيب المستقبلية قبل اتخاذ قرار الاستثمار فيها.

وبعيداً عن الحاسب الكمومي، فإنه يجب أن نسأل: هل تحتاج المؤسسة إلى شراء أجهزة تعمل بهذه المعالجات المتقدمة؟

أي من النوعين – GPU و FPGA – لا يزال يحافظ على أسعار عالية مقارنة بالمعالجات المركزية التقليدية، والاستثمار في هذه المعالجات يحتاج إلى خطة رشيدة لمنع هدر موارد المؤسسة، والأفضل أن يبدأ فريق العمل بالاعتماد على الخدمات السحابية، ومع مرور الوقت وزيادة استخدام تلك الخدمات إلى الحد الذي يصبح عنده شراء واستضافة الأجهزة داخل مركز بيانات المؤسسة أرخص من تكلفة الخدمات السحابية.

5.4.2 إنترنت الأشياء

جمع البيانات من تلك «الأشياء» المتصلة بشبكة «إنترنت الأشياء» ليس هو الهدف الأساس من الشبكة بالطبع، وإنما – كما ذكرنا – تحليل تلك البيانات واستخدام نتائج ذلك في منظومات دعم وأتمتة اتخاذ القرار هو الهدف النهائي من جمعها. وكما أوضحنا سابقاً فإن استخدام تقنيات الذكاء الاصطناعي في ذلك يمثل أعلى درجات نضج أنظمة تحليل البيانات.

وفي أي مؤسسة يجب أن توضع استراتيجية لكيفية الاستفادة من مفهوم وتكنولوجيا «إنترنت الأشياء» ويكون نتاج هذه الاستراتيجية هو خريطة بنية تقنية توضح الأجهزة والمستشعرات التي تخدم أهداف وأعمال المؤسسة في كل قسم بل وتوزيعها جغرافياً، كما توضح تلك البنية مسارات تدفق البيانات من تلك الأجهزة والمستشعرات إلى مستودع بيانات المؤسسة، ومن ثمّ بناء نماذج تحليل البيانات ونماذج الذكاء الاصطناعي وتعلم الآلة التي تستطيع الإفادة من تلك الكميات الهائلة من البيانات.

ويجدر الإشارة أن هناك أنواع من البنيات التي تتكامل من خلالها «إنترنت الأشياء» مع منظومة العمل في المؤسسة كجزء من البنية المؤسسية فيها، ويعتمد اختيار البنية على

حجم وأنواع الأجهزة والمستشعرات التي تخدم المؤسسة، ويمكن أن نلخص الأنماط السائدة لهذه البنية في ثلاثة أنماط أو أنواع:

- قد تتدفق البيانات مباشرة إلى مستودعات البيانات دون معالجة على أن يتم معالجة تلك البيانات لاحقاً.

- أو قد يتم معالجة البيانات مباشرة داخل الأجهزة والمستشعرات المتقدمة التي تحوي ما يشبه المعالج الصغير، ثم فقط نقل نتائج التحليل إلى مستودع بيانات المؤسسة. ومؤخراً فقد قام باحثون من جامعة إم آي تي ببناء نظام ذكاء اصطناعي متكامل يمكنه العمل داخل تلك المعالجات الصغيرة.

- أما النمط الأخير الذي بدأ في الانتشار وهو السحابة الوسيطة (Edge Cloud) وهي منطقة وسيطة يتم تخزين ومعالجة البيانات فيها بعد جمعها من المستشعرات والأجهزة ثم رفع نتائج المعالجة والتحليل إلى مستودع بيانات المؤسسة.

- ويناسب النمطان الأخيران متطلبات الأنظمة التي تعمل في الوقت الفعلي (real time) مثل أنظمة مراقبة الطرق أو أنظمة مراقبة حالة المريض والتي تحتاج إلى معالجة البيانات واتخاذ القرار آنياً.

5.4.3 الخدمات السحابية

أصبحت خدمات الذكاء الاصطناعي وخدمات «إنترنت الأشياء» مكونات رئيسية في الخدمات التي يقدمها عمالقة الخدمات السحابية وعلى رأسهم جوجل وأمازون ومايكروسوفت. وزاد على ذلك بناء هذه الشركات لمكتبات برمجيات مفتوحة المصدر لتطوير خوارزميات الذكاء الصناعي المختلفة مما ساهم بشكل كبير في تقدم ونضج صناعة الذكاء الاصطناعي ككل.

وفيما يأتي نستعرض أهم أنواع الخدمات السحابية ذات العلاقة:

- **القدرات الحاسوبية**

وهي ما ذكرناه عاليه من توفير معالجات يمكن دفع تكلفتها حسب مقدار الاستخدام.

- **أدوات تصميم تجارب الذكاء الاصطناعي**

وهي تتراوح من منصات لكتابة الأكواد إلى أدوات سهلة الاستخدام ذات واجهات رسومية يمكن للمبتدئين أو غير المتخصصين استخدامها لتطوير قدراتهم في الذكاء الاصطناعي.

- **منصات مسابقات الذكاء الاصطناعي**

وأشهرها هي منصة «Kaggle» التي تطلق عليها بعض الشركات والمؤسسات مسابقات يتنافس فيها مطورو برمجيات الذكاء الاصطناعي على تطوير خوارزميات عالية الدقة والكفاءة وهو ما ساعد بشكل كبير في إثراء مجتمع مطوري الذكاء الاصطناعي.

- **البرمجيات والنماذج الجاهزة**

ومنها برمجيات رؤية الحاسب، فيمكنك مثلاً استخدام بضعة صور لك ولزملائك ليصبح لديك برنامج جاهز للتعرف على وجوهكم وذلك في دقائق معدودة، أو برمجيات معالجة اللغة الطبيعية فيمكن استغلال خدمة التعرف على الصوت (Speech Recognition) لتحويل مؤتمر تنظمه إلى بث مباشر مصحوب بنص مقروء (subtitle) يظهر تحت صورة المتحدث، بل وربما ترجمته فورياً إلى عدد من اللغات.

- **السحابة الوسيطة (IoT Edge Cloud)**

وهي كما أوضحنا عاليه، منطقة وسيطة لجمع البيانات من المستشعرات والأجهزة ومعالجتها، إلا أنها تقدم خدمات أخرى تساعد المؤسسات على التركيز على أعمالها،

ومـن ذلك خدمـات تأميـن البيانات، وتوفيـر برمجيـات تشـغيل الأجهزة والمستشـعرات، وخدمات الذكاء الاصطناعي التي تعمل مباشرة على البيانات الواردة من الأجهزة (مثل نماذج رؤية الحاسب التي تعمل مباشرة على الصور الواردة من كاميرات مراقبة خط الإنتـاج في أحـد المصانع) وغيرها الكثير سـواء مـن شـركات الخدمات السـحابية أو من موردين آخرين بما فيهم مصنعي تلك المستشـعرات والأجهزة.

تطبيقات الذكاء الاصطناعي

تحدثنا عن بعض من مجالات الذكاء الاصطناعي في الفصل الأول مثل الرؤية الحاسوبية ومعالجة اللغة الطبيعية. هذه المجالات هي اللبنات الأساسية التي يستخدمها مطورو وصانعو تطبيقات الذكاء الاصطناعي لبناء تطبيقاتهم عن طريق وضعها في بنيات تناسب المطلوب من كل تطبيق، ولأن تطبيقات الذكاء الاصطناعي أصبحت من الكثرة والتنوع ما يجعل من الصعوبة حصرها، فإننا سنكتفي بذكر بعضها لتوضيح منظومة الذكاء الاصطناعي التي تحقق الهدف المطلوب منها.

6.1   فحص كوفيد-19 من صوت السعال

في معهد ماسشيوستس للتكنولوجيا كان يعمل فريق من الباحثين على إيجاد طريقة للتعرف على بعض الأمراض من خلال صوت سعال المرضى وكان يشمل بحثهم أمراض الالتهاب الرئوي وحتى مرض الألزهايمر لأنه يؤدي إلى ضعف الأحبال الصوتية بسبب إصابته للأعصاب المتحكمة فيها.

ومع بدء جائحة كوفيد-19 وما صاحبها من تأثيرات لم يسلم من شرها شخص أو كيان على وجه الكرة الأرضية، فقد قرر ذلك الفريق المساعدة في مجهودات محاربة ذلك الفيروس، وقد نجحوا بالفعل في بناء نموذج ذكاء اصطناعي يستطيع التعرف على المصابين بفيروس كوفيد-19 حتى ولو لم تظهر عليهم أية أعراض. فقد كان ذلك هو أحد أهم أهدافهم إذ أنه من المعروف أن أولئك المصابين الذين لا تظهر عليهم أعراض الإصابة بالفيروس هم أكثر فئة تقوم بنشر الفيروس بين الآخرين، لذلك فإن تأثيرهم وضررهم قد يكون أكبر من

غيرهم، فمن تظهر عليه أعراض الإصابة يخضع للحجر الصحي ولا يستطيع نقل المرض إلى غيره عندئذ.

إذاً كيف تم بناء هذا النموذج وكيف سيصل التطبيق إلى الناس؟ النموذج هو أحد نماذج معالجة اللغة الطبيعية التي تحدثنا عنها سابقاً وتحديداً فإنه ينتمي إلى فئة معالجة الأصوات والتعرف عليها مثل تطبيقات «سيري» من أبل أو «ألكسا» من أمازون، ولكنه بطبيعة الحال يختلف عنهما في الهدف فبدلاً من تحويل صوت المستخدم إلى أوامر ينفذها التطبيق، فإنه يقوم بـ «تصنيف» صوت سعال المستخدم؛ فإما الصوت من «صنف مصاب» أو «غير مصاب»!

قام الباحثون بتدريب النموذج على أصوات سعال متطوعين قاموا بتسجيل أصواتهم عن طريق صفحة مخصصة يستطيع المستخدم الوصول إليها من أي جهاز متصل بالويب، واحتوت عينة الأصوات المجموعة على مرضى وأصحاء، أشخاص ظهرت عليهم الأعراض وآخرين لم تظهر عليهم، وبالطبع حرص الفريق على تنويع الأشخاص من ناحية الجنس والعرق والعمر.

في النهاية قام الباحثون بوضع النموذج النهائي في داخل تطبيق للهواتف الذكية وهو في انتظار الموافقة عليه من هيئة الغذاء والدواء الأمريكية للسماح باستخدامه وتداوله.

6.2   تطبيقات الطب والرعاية الصحية

تطبيق الذكاء الاصطناعي الذي ذكرناه هو أحد تطبيقات ما يسمى بـ «تشخيص الأمراض»، وهو إحدى الوظائف الرئيسية في مجال الطب والتي يمكن تقسيمها إلى ثلاثة أقسام:

- التشخيص

- العلاج

- التوقع من أجل الوقاية

وفي كل وظيفة من الثلاثة تُستخدم لبنات الذكاء الاصطناعي لتشكيل منظومة الذكاء الاصطناعي المطلوبة كما قلنا، فإذا أراد طبيب متخصص تشخيص حالة مريض ما فإنه يستخدم بعض الأدوات التي تساعده على تحديد المرض ودرجة شدته:

- التحاليل الطبية

- صور الأشعة (أو أية مواد شبيهة مثل صور ضوئية للجلد أو صوت سعال المريض... إلى آخره)

- التقارير الطبية السابقة لنفس المريض

إذا أردنا بناء منظومة ذكاء اصطناعي تساعد على تشخيص حالة المريض فإننا نحتاج إلى اللبنات التالية لبناء نموذج متكامل يعمل معاً للقيام بالتشخيص الصحيح:

- نموذج تصنيف يتعامل مع بيانات التحاليل

- نموذج رؤية حاسوبية لمعالجة وتحليل صور الأشعة (أو نموذج التعرف على صوت السعال)

- نموذج معالجة اللغة الطبيعية ليقوم بتحليل التقارير الطبية السابقة واستخلاص أهم ما ورد فيها

هذه النماذج الثلاثة يتم دمجها معاً في بنية واحدة متكاملة لتكوين نموذج التشخيص، وبطبيعة الحال فإنّ لكل مرض نموذجاً خاصاً به، حيث يتم تدريب هذا النموذج على بيانات سابقة لمرضى أصيبوا بنفس المرض.

شكل 6.1:   رابط دراسة الاكتشاف المبكر لسرطان الثدي.

البروفيسور ريجينا برازيلي وهي عالمة متخصصة في الذكاء الاصطناعي كانت قد شُخّصت بسرطان الثدي في عام 2014 وعندها بدأت تراجع صور الأشعة السابقة لها قبل تشخيصها وتقارنها بالصور الحديثة فوجدت أن هناك بعض البقع الضوئية في صور الأشعة القديمة التي لم ينتبه لها الأطباء وقتها ولكن تحولت في الصور الحديثة إلى الأورام التي شُخّصت على أساسها بالمرض.

على إثر ذلك قامت البروفيسور بالعمل على تطوير نموذج ذكاء اصطناعي لاكتشاف هذه البقع مبكراً لتفادي تقدم المرض إلى الحد الذي يصعب معه العلاج؛ ولكنها لم تكتفِ فقط بصور الأشعة بل استخدمت اللبنات التي ذكرناها لتكون ذلك النموذج المتكامل والذي يستخدم بالإضافة إلى صور الأشعة، التاريخ المرضي للمريض، التاريخ المرضي للعائلة، معلومات الخزعات السابقة المأخوذة من المريض، عمر المريض والعرق الذي ينحدر منه وغيرها.

كان نتاج ذلك أن النموذج الذي بنته البرفيسور برازيلي استطاع أن يكتشف مرض السرطان مبكراً بدقة بلغت 97% بدلاً من 79% التي تم تحقيقها سابقاً.

6.3 الموصيات (Recommender Systems)

هل تشاهد Netflix أو تستمع إلى Spotify؟ هل يعجبك ما تعرضه عليك المنصتان كي تتابع المشاهدة أو الاستماع بعد أن تنتهي الحلقة التي تشاهدها أو الأغنية التي تستمع إليها؟ هل تحس أن أياً من المنصتين قد فهمت ووعت ما هي أفلامك أو أغانيك المفضلة أو قل ما هو ذوقك؟

هذا ما نسميه بـ «أنظمة التوصية» أو الموصيات، وهي أنظمة تعمل بالذكاء الاصطناعي لتستطيع تحديد أفضل «الأشياء» التي قد «توصي» بها للمستخدم، ومن ضمن هذه الفئة من الأنظمة والتطبيقات ما تجده في مواقع وتطبيقات التسوق الإلكتروني، فكل مستخدم سيرى الصفحة الرئيسية للموقع بطريقة تختلف عن غيره؛ ذلك أنه سيرى مجموعة من المنتجات التي قد تبدو مناسبة له أكثر من غيره من المستخدمين!

وتستخدم هذه الأنظمة تقنية أو نماذج ذكاء اصطناعي تسمى «نماذج إعادة توليد البيانات» فهي:

1. تحلل البيانات التاريخية المستخدمين وتتعرف على تفضيلاتهم في «الأشياء (مثال: الأفلام، الأغاني، أو المنتجات)

2. تحاول تصنيف المستخدم الحالي تصنيفاً مبدئياً ثم يتم تعديل التصنيف حسب سلوك المستخدم (في المشاهدة مثلاً أو شراء المنتجات)

3.   تقوم بإعادة توليد قائمة تفضيلات لهذا المستخدم بناءً على الخطوتين السابقتين

ويمكنك أن تتخيل تطبيقات أخرى لأنظمة التوصية في كل مجال من المجالات سواء مجالات الترفيه أو حتى مجالات أخرى ذات حساسية مثل الرعاية الصحية، فربما أن ما يلائم بعض المرضى من طرق علاجية قد لا يناسب آخرين ولذلك قد تستطيع أنظمة التوصية إيجاد أفضل الطرق التي تناسب أحد المرضى وتساعد على زيادة احتمالية شفائه باستخدام خطوات مشابهة لما ذكرناه منذ سطور.

6.4   جان جوخ

جان أو GAN هو اسم الشبكات العصبية العميقة التي تستخدم في معالجة الصور، و «جان جوخ» ليساً خطأ مطبعياً ولكنه مشروع استوحى اسمه من اسم الرسام الشهير «فان جوخ» واسم الشبكات العصبية، وكان نتاج هذا المشروع ما يسمى بـ «تقنية استنساخ الأسلوب»؛ وذلك أنه إذا كانت تقنيات الذكاء الاصطناعي الخاصة بـ «إعادة توليد البيانات» تستطيع توليد قائمة من التفضيلات لأحد متسوقي مواقع التسوق الإلكتروني الجدد، فلماذا لا نستخدم نفس هذه التقنية لإعادة توليد أشياء أكثر تعقيداً مثل الصور واللوحات الفنية؟!

في مشروع «جان جوخ» أو GANGogh، أُستخدمت هذه التقنية – بعد تطوير وتعديل – لإعادة خلق لوحات فنية لم تُرسم من قبل وكأننا فعلاً أمام «جان جوخ» أو «بيكاسو الروبوت» وكما يقول الطالبان اللذان نفذا المشروع «على الرغم من أننا لا نعتقد أن نموذجنا يحل مشكلة توليد الفن، فإننا نأمل أن نقدم رؤىً حول الطرق التي يمكن من خلالها استخدام شبكات GAN لإنشاء فن جديد»... فللأمر بقية.

شكل 6.2: رابط بحث «جان جوخ»

6.5 أخلاقيات الذكاء الاصطناعي

حاولنا في عرضنا للتطبيقات السابقة النزول أعمق مما يمكن أن تقرأه في خبر عن تطبيقات مشابهة حتى يتسنى لك في مؤسستك أو شركتك التفكير في تطبيقات واقعية تستخدم الذكاء الاصطناعي، والقائمة تطول.

فإنه يصعب أو يستحيل أن تجد أحد العلماء أو الباحثين ملماً بالتطبيقات المختلفة للذكاء الاصطناعي في شتى المجالات، ولكن الأمر الهام هنا المشترك بين تلك المجالات هو التأثيرات الأخلاقية للذكاء الاصطناعي والتي سنضرب مثالين بسيطين لنلقي الضوء على هذا التحدي والذي يحتاج إلى حديث مطول للوقوف على أبعاده.

إذا تخيلنا أن جامعة ما في أفريقيا قامت ببناء نموذج للتعرف على المصابين بفيروس كوفيد19- من خلال تصويرهم أثناء دخول المطارات، ولأن هذا النموذج أثبت فعالية وحقق

دقة عالية في التعرف على المصابين، فقد قررت دولة أوروبية شراءه واستخدامه فماذا نتوقع أن تكون النتيجة؟!

ستكون النتيجة هو أن هذا النموذج أو التطبيق سيُئتهم هو ومشغلوه بـ «العنصرية» لأنه فقط سيستطيع التعرف على المرضى من ذوي العرق «الأفريقي»، فواقع الأمر أن الذكاء الاصطناعي الذي لدينا حتى الآن وكما وضحنا في الفصل الأول – ليس ذكاءً حقيقياً بل هو مقاربة لمعادلة ما تعتمد على البيانات التي تم التدرب عليها، فلو تغيرت نوعية البيانات لفشل «الذكاء الاصطناعي» أن يكون ذكياً.

في الجامعة الأفريقية تم تدريب النموذج على صور مصابين وأصحاء «أفارقة» وهم العرق الأقل وجوداً في «الدولة الأوروبية» ولذلك فإن نتيجة ذلك ستكون الفشل المحتوم لهذا النموذج بعد تحقيقه النجاح الباهر في بيئته الأصلية، فماذا لو أن الأمر كان أقل وضوحاً ففي كل تطبيق أو نظام من أنظمة الذكاء الاصطناعي ستعبر البيانات عن البيئة المأخوذة منها أو الطريقة التي تم جمع البيانات بها!

أما المثال الثاني فيتعلق ببعض شركات التأمين على الحياة أو التأمين الصحي التي تريد أن تجعل تقييم أقساطها الشهرية أو ما يسمى بـ «بوليصة التأمين» متغيرة على حسب نشاط كل شخص واهتمامه بصحته، فربما ستعطيك الخيار أن تسمح لتطبيقات الذكاء الاصطناعي لديها بالاتصال بقارئ المؤشرات الحيوية (مثل ساعة أبل) الذي ترتديه على يدك، فإذا قمت هذا الشهر ببعض المشي والتمرينات فإن ما ستدفعه الشهر المقبل سيكون أقل، وإذا ما تراخيت فسيكون أكثر، بل ربما استعملت بعض نماذج التوقع لتعرف متى تقوم بإنهاء التعاقد معك!!

الذكاء الاصطناعي كما أنه يعطي إمكانات وقدرات للأفراد والمؤسسات ما كان لنا حتى أن نتخيلها، فإنه يضعنا مع كل تطبيق جديد في تحديات أخلاقية أيضاً لم نكن لنتخيلها، وهنا يأتي دور المؤسسات لتضع الأطر المنظمة لعمل فرق الذكاء الاصطناعي داخلها.

الفصل السابع

الحوسبة الكمومية
QUANTUM COMPUTING

لو أنك عشت في سبعينيات القرن الماضي لشاهدت التلفاز القديم الذي كان يعمل بالصمامات المفرغة والذي كان يحتاج بعض الوقت حتى تصل تلك الصمامات إلى درجة الحرارة المناسبة لكي تعطي صورة واضحة، وقد اندثر ذلك النوع بعد شيوع استخدام التلفاز الذي يعمل بـ» الترانزستور» أو ما يسمى علمياً بـ «أشباه الموصلات»، فكان اختراع الترانزستور قفزة كبيرة في الصناعات التكنولوجية فقد غير وجه العالم وكان السبب الرئيس لتيسير تصنيع الحاسوب في مختلف أشكاله وأحجامه.

النقلة التي ننتظرها عند إطلاق أول حاسب كمومي تجارياً قد تكون أكبر من تلك التي حدثت عند اختراع الترانزستور، فهي إيذان بعصر جديد سيستطيع فيه ذلك الحاسب حل مسائل كانت مستحيلة وتحتاج إلى عشرات أو مئات السنوات لمعالجتها، أو حل تلك التي كانت تحتاج إلى أسابيع أو شهور في دقائق أو ثوان.

وقبل أن نتحدث عن الحوسبة الكمومية فإنه من المفيد مراجعة بعض الأساسيات أولاً.

7.1   فيزياء الكم

في عام 1900 وأثناء محاولته وضع تفسير لظاهرة إشعاع الأجسام السوداء عند تسخينها، وضع عالم الفيزياء الألماني «ماكس بلانك» نظرية فيزياء الكمّ، إذ فشلت الفيزياء «الكلاسيكية» في تفسير الظاهرة بل وظواهر أخرى طبيعية، فكانت نظرية الكمّ مع نظريات أخرى لعلماء معاصرين – مثل أينشتاين – القاعدة التي بُني عليها ما يسمى بـ «الفيزياء الحديثة».

صورة رقم 7.1: الحاسب الكمومي

وسميت نظرية الكمّ بهذا الاسم لأنها تقول بأنه حين تنبعث الطاقة من أحد الجسيمات فإنها لا تنبعث بشكل متصل ولكن على هيئة كموميات (ومفردها كم) وهي أصغر كمية يمكن أن تنبعث من أحد الجسيمات، والواقع أن فيزياء الكم جاءت لتفسر الظواهر الطبيعية على المستوى الذري والعادي حين فشلت الفيزياء الكلاسيكية في تفسير بعض الظواهر على المستوى الذري.

ما يهمنا هنا هو الأساس العلمي للحواسيب الكمومية، حيث إن فيزياء الكم تقول بالطبيعة المزدوجة للجسيمات؛ أي أن جسيم مثل «الإلكترون» يتصرف كجسم له كتلة، كما أنه يتصرف أيضاً كموجة تتحرك في الفضاء وذلك هو الأساس العلمي لخاصية «التراكب» التي سنأتي على ذكرها لاحقاً حيث إن الموجات تتداخل وتتراكب، ولعل هذا القدر من التفاصيل يكفينا في نطاق هذا الكتاب.

7.2   الحوسبة

الحوسبة هي قدرة الآلة على القيام بالعمليات الحسابية والمنطقية وهي الوظيفة الرئيسية لـ «المعالج المركزي» أو (CPU) الذي يعرفه أغلبنا، والعمليات الحسابية هي بطبيعة الحال الجمع والطرح والضرب والقسمة، للأعداد والكسور مهما كبرت أو صغرت قيمتها، أما العمليات المنطقية فهي أشبه بالعمليات الشرطية مثل أن تقول: «إذا حصلنا على تفاح أو برتقال فقد حصلنا على فاكهة» أي أن الهدف قد تحقق بتحقق واحد من شرطين وغيرها من العمليات المنطقية دون أن نخوض في التفاصيل الفنية.

كانت الفكرة التي بُني عليها الحاسب الآلي هي تحويل جميع الوظائف المطلوبة من الحاسب إلى عمليات حسابية أو منطقية، ويحدث ذلك عن طريق أن يتم تخزين جميع أنواع البيانات في شكل رقمي أي أعداد وأرقام ثم يقوم المعالج المركزي بإجراء العمليات الحسابية والمنطقية على تلك الأعداد والأرقام وإنتاج مخرجات تلك العمليات ليتم عرضها على الشاشة أو تخزينها في الذاكرة.

أنت الآن تريد تعديل أحد الصور التي تملكها، لذلك قمت باستخدام الماسح الضوئي لتخزين الصورة في هيئة ملف «رقمي» على الحاسب الخاص بك، ثم استخدمت برنامج

فوتوشوب للتعديل على الصورة، فما يفعله برنامج الفوتوشوب عند قيامك بأي تعديل على الصورة هو إرسال أوامر تم برمجتها سابقاً إلى المعالج المركزي والتي تتحول إلى عمليات حسابية ومنطقية ينفذها المعالج على بيانات الصورة ويكون ناتج هذه العمليات هي الصورة المعدلة.

عندما تقرأ في مواصفات الحاسب أن سرعة المعالج هي 3 جيجا هرتز مثلاً فإن ذلك يعني قدرة المعالج على إجراء ما يقرب من نصف مليار عملية حسابية في الثانية، ويقوم المعالج المركزي بتنفيذ هذه العمليات بشكل متسلسل، أما المعالجات الرسومية (GPUs) فإنها تستطيع القيام بعمليات حسابية متوازية وهو ما عزز مكانتها في برمجيات معالجة الصور والفيديوهات وكذلك برمجيات الذكاء الاصطناعي.

7.3   الخوارزميات

هي – كما ذكرنا سابقاً – مجموعة من الخطوات المرتبة للقيام بمهمة أو وظيفة معينة، ونظرياً فإنك تستطيع أن تضع خوارزمية لكل شيء فوصفة صناعة كعكة عيد الميلاد خوارزمية بسيطة، وكيفية قيام محرك جوجل بالبحث عن الكلمة التي أدخلتها في مربع البحث خوارزمية شديدة التعقيد.

للخوارزميات درجات من التعقيد يمكن قياسها بطرق محددة وضعها العلماء، حيث تعكس درجة التعقيد مقدار الحوسبة والمدة الزمنية التي قد تحتاجها الخوارزمية للحصول على النتائج (مثال: قوة وسرعة الحاسب والزمن اللذان تحتاجهما خوارزمية جوجل للحصول على نتائج البحث).

كما ذكرنا سابقاً فإن ظهور خوارزميات أكثر فعالية أو إدخال التحسينات على أخرى موجودة كانا من الأسباب الرئيسية للطفرة الحاصلة في مجال الذكاء الاصطناعي إلى جانب ظهور حواسيب ذات قدرات فائقة، وهو ما يعني أن كلما ازدادت قدرة الحواسيب على تنفيذ خوارزميات أكثر تعقيداً، استطعنا تحقيق إنجازات أكبر وأشمل في شتى المجالات العلمية والتطبيقية.

ستجد في كل مجال من المجالات نظريات لم تجاوز مكانها في الكتب إلى التطبيق العملي، لأنه عند تحويلها إلى خوارزميات تنتج خوارزميات ذات درجات تعقيد لا تسمح القدرات الحاسوبية المتاحة بتنفيذها، فالتقدير المبدئي لتنفيذها قد يكون عشرات أو مئات السنوات.

7.4   ما هي الحوسبة الكمومية؟

هي استخدام معالجات خاصة تقوم على مبادئ فيزياء وميكانيكا الكم في تصميمها مما يعطيها قدرات حاسوبية تفوق قدرات أقوى الحواسيب الحالية بمئات أو آلاف المرات. في الحواسيب العادية نستخدم ما يسمى بـ «البتّات» وهي مكان تخزين ثنائي أي يمكننا تخزين واحد أو صفر في «البتّ» الواحدة أما في الحواسيب الكمومية فإننا نستخدم «**الكيوبت**» والتي تتميز بخاصتين رئيسيتين هما التي أعطتا الكمبيوتر الكمومي تفوقه:

7.4.1   التراكب

تستطيع «**الكيوبت**» أن تخزن واحد أو صفر أيضاً، ولكنها لها خاصية أشبه بالسحر وهي قدرتها على تخزين واحد وصفر معاً فيما يسمى بظاهرة التراكب وهي واحدة من أهم الظواهر التي جاءت بها «فيزياء الكمّ»، وبعيداً عن محاولة فهمها فإننا يمكننا محاولة فهم أثرها في مجال

الحوسبة الكمية، فمثلاً عند استخدامنا 4 من «البتّات» واستخدامنا عدد مماثل من «الكيوبتات» فإن الـ 4 بتّات تستطيع تخزين رقم واحد مكون من 4 خانات، أما الكيوبتّات فإنها تستطيع تخزين كل الأرقام المكونة من 4 خانات في نفس الوقت أي ما يساوي أي جميع الأرقام من صفر إلى 16، فإذا زاد عدد الكيوبتّات إلى 64 فإننا سنصل إلى 18,446,744,073,709,600,000 بدلاً من 16، أما الحاسب الكمومي الذي يستخدم 300 كيوبت يمكنه أن يمثل قيماً تفوق عدد الذرات الموجودة ضمن نطاق كوننا المرئي.

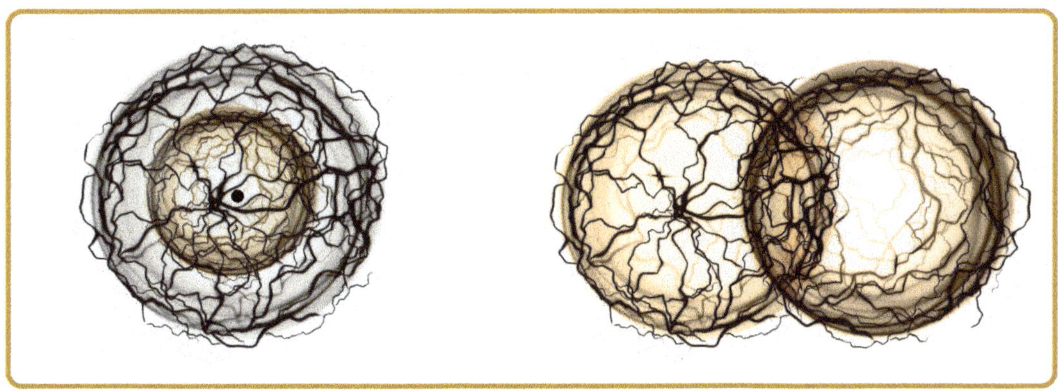

الشكل رقم 7.1: عند حدوث التراكب فإن الذرّة أو الجسيم يمكن أن تتواجد في مكانين في نفس الوقت (على اليمين) أو تتواجد في حالتين في نفس الوقت (اليسار).

7.4.2 التشابك الكمي

لتشابك الكمي أو (Entanglement) هو إحدى الخصائص التي اكتشفها أينشتين وسماها «عمل مخيف ولكن عن بعد» وهي أن يرتبط جُسيمان ببعضهما بحيث إننا لو وضعنا أحدهما في شرق الأرض والآخر في غربها، ثم غيرنا حالة الذي في الشرق لتغيرت حالة الذي في الغرب في نفس اللحظة دون اعتبار للمسافة التي تفصلهما.

لذلك إذا تشابكت الكيوبتات مع بعضها فإننا نستطيع معرفة حالة أحدها من معرفة حالة الآخر الذي بين يدينا وهو ما يستخدم في تطبيقات الأمن السيبراني كما سنوضح لاحقاً، كما أن قدرتنا على تغيير حالة كل الكيوبتات المتشابكة بتغيير حالة أحدها فقط هو سبب تفوق الحاسب الكمومي على مثيله العادي، فبدلاً من معالجة مجموعة من الأرقام تباعاً كما الحال في الحوسبة العادية، فإننا نستطيع معالجة كل الأرقام في نفس اللحظة عن طريقة التشابك بين الكيوبتات التي تحتوي هذه الأرقام.

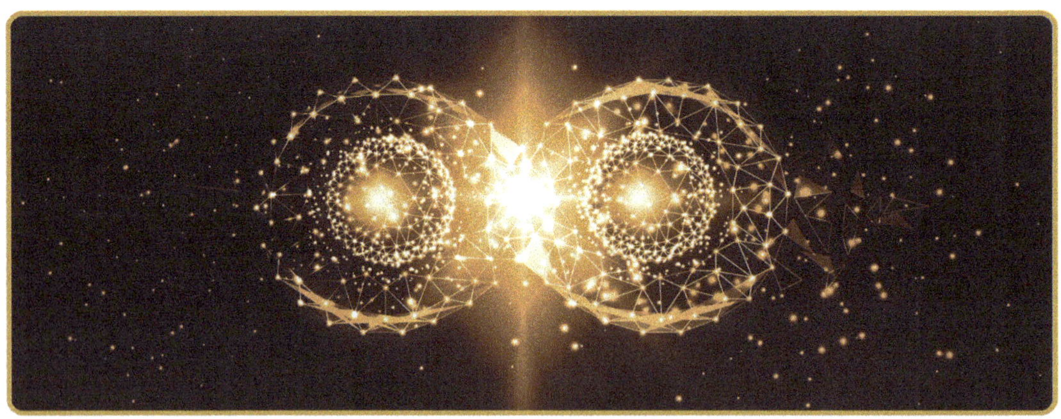

الشكل رقم 7.2:   صورة تعبيرية عن التشابك الكمي بين جسيمين

7.5   تحديات الحوسبة الكمومية

أتاحت بعض الشركات الحواسيب الكمومية للاستخدام التجاري في شكل «خدمات سحابية» فقط وعلى رأسها شركة IBM وشركة جوجل وشركة D-Wave وهي شركة بريطانية رائدة في مجال الحوسبة الكمومية، وتقوم هذه الشركات مع غيرها من كبرى شركات التقنية

باستثمارات ضخمة في أبحاث التقنيات الكمومية وتشاركها في هذا الجهد أعرق الجامعات في كل أنحاء العالم، وذلك لأن التحديات التي تعوق الوصول إلى التفوق الكمومي متعددة وصعبة وهي بطبيعة الحال متعلقة بفيزياء الكم، حتى إن معظم المحاضرات والمداخلات التي قد تسمعها عن هذه الأبحاث تتوقع أن الأمر قد يحتاج عقداً آخر من الزمان كي نصل إلى الحاسب الشخصي الكمومي.

7.5.1   التفوق الكمومي

هو أن تصل الحواسيب الكمومية إلى النقطة التي تتفوق فيها على كل الحواسيب العادية الموجودة في العالم، أي أنها تستطيع القيام بحل مسائل عجزت الحواسيب العادية الفائقة عن القيام بها على الإطلاق أو في وقت معقول، وللوصول إلى هذه النقطة أعلن باحثون في شركة «جوجل» في نهاية عام 2019 أنّهم توصّلوا إلى هذا الإنجاز التاريخيّ، واستطاع حاسبهم الكمومي الذي يحتوي على 54 كيوبتّ أن ينفذ فعلياً عمليات حسابية تعجز أجهزة الكمبيوتر العادية الموجودة اليوم عن تنفيذها،

فقد قالوا إنّ حاسوب «سيكامور» Sycamore الذي صنعوه بأساليب الفيزياء الكمومية، يقدر خلال 200 ثانية على إنجاز مهمة قد تستغرق حوالي 10 آلاف سنة عبر حاسوب تقليدي.

أما في مارس من عام 2020 فقد أعلنت شركة هانيويل عن تمكنها من تطوير حاسوبٍ كموميّ أقوى من أي حاسوبٍ آخر متوفر في السوق، والذي يحتوي على 64 كيوبتّ، ثم في شهر يونيو من نفس العام كشفت الشركة بالفعل عن أن حاسوبها الكموميّ قد أصبح متوافراً للخدمة وقد تم استخدامه بالفعل من قِبل بعض الشركات الكبيرة في الولايات المتحدة الأميركية مثل بنك جي بي مورجان، وقد قام بالفعل بتنفيذ عملياتٍ حسابية بالغة التعقيد لصالح بنك جي بي مورجان، والتي لا يمكن تنفيذها باستخدام الحواسيب التقليدية.

وكما يمكن أن نرى من خلال هذا السياق أنَّ التحدي الحقيقي هو في إنتاج حاسوب كمومي يحتوي على عدد كبير من الكيوبتّات تستطيع العمل مع بعضها، فما هو السبب في صعوبة تحقيق ذلك؟

7.5.2   صناعة الكيوبتّات

العنصر الأساسي في الكمبيوتر الكمومي هو الكيوبتّ وبالتحديد حالة التراكب الفريدة للكيوبتّات ولكن هذه الحالة لا تزال غير مستقرة ولا يمكن الاحتفاظ بها أثناء إجراء العمليات الحسابية، فبعض أنواع الكيوبتّات تحتاج إلى الوجود في درجة الصفر الحقيقي (−273.15 درجة مئوية) حتى يمكن المحافظة على حالة التراكب أطول فترة ممكنة.

كما أن إنشاء التشابك بين الكيوبتّات هو من الصعوبة بمكان أن جعل من أرقام مثل 54 كيوبتّ و64 كيوبتّ التي حققتها جوجل وهانيويل إنجازاً كبيراً، في حين أن الكمبيوتر العادي قد يحتوي على ذاكرة بها 16 مليار بتّ (GB RAM 16) ولكن مع ذلك العدد القليل من الكيوبتّات بسبب حسابات حالة التراكب التي ذكرناها عاليه فإنه ما زال يتفوق على أقوى الحواسيب العادية الموجودة حالياً.

7.5.3   النقل الآني

لكي تكتمل منظومة العمل «الكمومية» فلا بد من وجود إنترنت كمومي يربط بين الحواسيب الكمومية وينقل الكيوبتات بينها، وكما ذكرنا سابقاً فإن أساس «النقل الآني» هو خاصية «التشابك الكمّي»، ولكن التشابك الكمّي على إطلاقه هو ما زال شيئاً نظرياً وأما واقعه العملي فهو أنه ما زال محدوداً بالمسافة بين الجسيمين المتشابكين، فأقصى ما وصل إليه العلماء كان الإبقاء على التشابك بين جسمين قائماً وفعالاً حتى مسافة 50 كيلومتراً والذي قام بهذه التجربة كان فريق علماء صيني في فبراير 2020 أما في الولايات المتحدة فقد استطاع فريق من العلماء في أحد المشاريع البحثية التابعة لوزارة الطاقة الأمريكية الوصول إلى مسافة 18 كيلومتراً.

صورة 7.2:   أعلنت جوجل في 2019 عن حاسوبها الكمومي الذي حقق لأول مرة «التفوق الكمومي»

الفصل الثامن

تطبيقات الحوسبة الكمومية

إذاً هل الحاسب الكمومي أسرع من الحاسب العادي؟ الإجابة هي لا ولكن الفرق الحقيقي هو في قدرته على معالجة البيانات بصورة متوازية أو بكلمات أخرى «معالجة البيانات آنياً»، وهو ما يعني أن كفاءة الحاسب الكمومي تتوقف على طبيعة كل مسألة قيد العمل، فهناك مسائل و «حالات استخدام» قد يكون فيها الحاسب الكمومي أبطأ من مثيله العادي، وحالات لا يمكن إنجازها عمليا دون وجود الحاسب الكمومي.

توجد حالات استخدام محتملة متعددة للحوسبة الكمومية عبر القطاعات المختلفة

القطاعات	بعض حالات استخدام الحوسبة الكمومية	المؤسسات	
قطاع التكنولوجيا الفائقة	• التعلم الآلي والذكاء الاصطناعي، مثل الشبكات العصبية • البحث • استراتيجيات العطاءات لأنظمة الإعلانات • الأمن السيبراني • التسويق الالكتروني • التحقق من هوية البرامج	IBM Alibaba Google Microsoft	Telstra Baidu Samsung
القطاع الصناعي	• اللوجستيات: الجدولة والتخطيط وتوزيع المنتجات وإعادة التوجيه • السيارات: محاكاة حركة المرور ومحطة الشحن الإلكترونية والبحث عن مواقف السيارات والقيادة الذاتية • أشباه الموصلات: التصنيع، مثل تحسين تخطيط الرقاقة الفضاء: البحث والتطوير والتصنيع، مثل تحليل الأخطاء، والبوليمرات الأقوى للطائرات • علم المواد: المحولات الحفازة الفعالة للسيارات، وأبحاث خلايا البطارية، والمواد الأكثر كفاءة للخلايا الشمسية، واستخدامات هندسة الممتلكات	Airbus NASA Northrop Grumman Daimler Raytheon	BMW Volkswagen Lockheed Martin Honeywell Bosch
قطاع الكيمياء والدواء	• تصميم المحفزات والإنزيمات، مثل النيتروجيناز • البحث والتطوير في المستحضرات الصيدلانية، مثل تسريع عمليات اكتشاف الأدوية • العلوم الحيوية، مثل علم الجينوم • التشخيص الدقيق والمتقدم للأمراض	BASF Biogen Dow Chemical	JSR DuPont Amgen
القطاع المالي	• استراتيجيات التداول في الأسواق المالية • تعزيز وتحسين المحافظ المالية • تسعير الأصول • تحليل المخاطر • كشف الاحتيال • محاكاة الأسواق	J.P. Morgan Commonwealth Bank	Barclays Goldman Sachs
قطاع الطاقة	• تصميم شبكات توزيع الطاقة • تحسين استراتيجيات توزيع الطاقة • استمثال عمليات حفر آبار النفط واستخراجه	Dubai Electricity & Water Authority	BP

المصدر: مجموعة بوسطن للاستشارات

وفي المخطط التالي نعرض حالات الاستخدام المحتملة في مختلف قطاعات الأعمال والصناعة لتكنولجيا الحوسبة الكمومية قبل أن نسلط الضوء على أهم تلك الحالات وأكثرها تقدماً.

8.1   الأمن السيبراني

وهنا نتحدث عن تطبيقين رئيسين؛ الأول يتعلق بتشفير البيانات، والثاني له علاقة بتأمين البيانات عند نقلها أي أنه يتعلق بأمان الإنترنت والشبكات.

8.1.1   خوارزميات التشفير الكمومية

أما الأول فهو يستخدم الخوارزميات المتقدمة التي سيستطيع الكمبيوتر الكمومي جعلها ممكنة عملياً، فالبرفيسور «بيتر شور» من معهد ماسشيوستس للتكنولوجيا وهو أحد رواد الحوسبة الكمومية، وضع خوارزمية لتحليل الأعداد باستخدام الحوسبة الكمومية، وتحليل الأعداد هو التقنية الرئيسية في عمليات تشفير البيانات بسبب صعوبته؛ هذه الخوارزمية عند تطبيقها ستقلص الوقت الذي نحتاجه لتحليل أحد الأعداد بشكل لوغاريتمي، ولنكون أكثر تحديداً فالخوارزمية العادية لتحليل عدد مكون من 15 رقماً تحتاج 32768 خطوة أما باستخدام خوارزمية «شور» فإننا نحتاج إلى 375 خطوة أما إذا كان عدد مكون من 20 رقم فإننا سنحتاج إلى 1048576 خطوة مقابل 800 خطوة من خوارزمية «شور».

وذلك يعني أن كثيراً من أنظمة التشفير المعمول بها حالياً سيسهل كسرها في ساعات وأنه ستظهر الحاجة إلى أنظمة وتقنيات جديدة لحفظ البيانات؛ فخوارزمية شور وحدها تمثل خطراً على أنظمة التشفير بالمفتاح العمومي مثل RSA والتي تستخدم كثيراً في أنشطتنا اليومية

عند تصفح الإنترنت، والتي تعتمد دفاعاتها الرياضية جزئياً على مدى صعوبة إجراء الخطوات المعاكسة لاستنباط نتائج ضرب الأعداد الأولية الكبيرة جداً بعضها ببعض، فقد توقع تقرير عن الحوسبة الكمومية تم نشره في العام 2018 – من قِبل الأكاديميات الوطنية الأميركية للعلوم والهندسة والطب – أن الحاسوب الكمومي ذا القدرات العالية الذي ينفذ خوارزمية شور سيتمكن من كسر النسخة التنفيذية من خوارزمية RSA مع مفتاح بطول 1,024 بت في أقل من يوم واحد.

8.1.2 نقل البيانات

أما التطبيق الثاني في مجال الأمن السيبراني فيعتمد على خاصية التشابك، فالكيوبتّات لا يمكن نسخها كما الحال في البتّات التي نستخدمها حالياً لأنه عند عند محاولة قراءة قيمة الكيوبتّ فإنها تتغير وهو ما يعني أنه في حالة أراد أحدهم التنصت على اتصال بين طرفين آخرين فسيتم كشفه بمجرده قراءته لأول كيوبتّ يتم نقلها.

ويكفي لنقل البيانات بين طرفين أن يكون لدينا زوج من الكيوبتّات بينهما تشابك كمّي واحتفظنا بأحدهما على جهاز المرسل واستطعنا نقل الآخر إلى جهاز المستقبل، فإن كل تغيير أو قراءة لأحد الكيوبتّات سينعكس آنياً على الكيوبت الآخر، وكأننا أحدثنا فجوة في الزمان والمكان بين الطرفين فلا قناة اتصال يمكن اختراقها ههنا.

ورغم أن طريقة نقل البيانات باستخدام الكيوبتّات يستحيل اختراقها نظرياً إلا أنها مثل أي شيء إذا طبقناه عملياً ظهرت لنا ثغرات عدة، فمؤخراً، قال فريق من جامعة جياو تونج في شنجهاي بالصين، أنهم وجدوا إحدى تلك الثغرات المنسية. وبفضل هذا الاكتشاف، تمكن الفريق من اختراق التشفير الكمومي بمعدل نجاح مرتفع لدرجة تثير الذعر.

وبدلاً من أن يحاول الفريق قراءة الكيوبتّات أثناء نقلها مما كان سيؤدي إلى فشل عملية الاختراق كما ذكرنا، فإنه قام بمهاجمتها أثناء إطلاقها من الجهاز المرسل والذي يعتمد على

استخدام الليزر في إطلاق الكيوبتّات (الفوتونات في هذه الحالة) وتغيير تردد شعاع الليزر المطلق مما سيجعل المهاجم يتحكم في الكيوبتّات المطلقة دون علم المرسل والمستقبل.

8.1.3   هل ستتمكن الحواسيب الكمومية من اختراق الدفاعات التشفيرية قريباً؟[14]

هذا أمر مستبعد للغاية؛ حيث تقول الأكاديميات الوطنية الأميركية إن الآلات الكمومية ستحتاج إلى قدرات معالجة أعلى بكثير مما حققته أفضل الآلات الكمومية اليومَ من أجل أن تشكّل تهديداً حقيقياً. ومع ذلك، فإن ما يحب بعض الباحثين الأمنيين أن يسموه «Y2Q» (العام الذي سيصبح فيه كسر التشفير بالحوسبة الكمومية مشكلة كبيرة) قد يحلّ سريعاً بشكل مفاجئ. ففي العام 2015، خلص الباحثون إلى أن الحاسوب الكمومي سيحتاج إلى مليار كيوبت لكي يتمكن من كسر نظام RSA بمفتاح طوله 2,048 بت بسهولة كبيرة؛ ويشير أحد الأعمال الأكثر حداثة إلى أن الحاسوب الذي يستخدم 20 مليون كيوبت قد يقوم بالمهمة في ثماني ساعات فقط.

ولا يزال هذا الأمر يتجاوز بكثير إمكانات أكثر الآلات الكمومية قدرة اليوم، التي تستخدم 128 كيوبت، لكن التقدم الذي يتم تحقيقه في مجال الحوسبة الكمومية لا يمكن التنبؤ به. وإن أي شركة أو حكومة تخطط لتخزين البيانات لعقود من الزمن يجدر بها الآن أن تفكر بشأن المخاطر التي تشكلها التكنولوجيا؛ لأن التشفير الذي تستخدمه لحمايتها قد يتعرض للخطر في وقت لاحق.

---

[14]   من مقال على إم آي تي تكنولوجي ريفيو

قد يستغرق الأمر العديد من السنوات لإعادة تشفير كميات هائلة من البيانات التاريخية من جديد باستخدام دفاعات أكثر متانة، لذلك سيكون من الأفضل تطبيق هذا الأمر الآن. ومن هنا تبرز أهمية إحداث دفعة كبيرة لتطوير التشفير ما بعد مرحلة الكم.

8.1.4   التشفير ما بعد الكم

وهو تطوير أنواع جديدة من أساليب التشفير التي يمكن تنجيزها باستخدام الحواسيب التقليدية اليوم، ولكنه سيكون منيعاً في وجه الهجمات التي سيتم شنها من الحواسيب الكمومية في المستقبل. وقد قام المعهد الوطني الأميركي للمعايير والتكنولوجيا عام 2016 بإطلاق عملية لتطوير معايير للتشفير بعد الكم لأغراض الاستخدام الحكومي. وقد قام بتقليص حجم مجموعة أولية ضمَّت 69 مقترحاً لتصبح 26 فقط، ولكنه يقول إن من المرجح أن نصل إلى العام 2022 قبل أن تبرز مسودة المعايير إلى الوجود.

ويبقى الضغط متصاعداً لأن تقنيات التشفير تمثل جزءاً لا يتجزأ في العديد من الأنظمة المختلفة؛ لذا فإن تفكيكها وتنجيز تقنيات جديدة قد يستغرق وقتاً طويلاً جداً. وقد أشارت دراسة الأكاديميات الوطنية التي أجريت عام 2018 إلى أن الأمر قد استغرق أكثر من الزمن للتخلي بشكل كامل عن أحد أساليب التشفير واسعة الانتشار، الذي تبيَّن أن فيه خللاً. وبالنظر إلى السرعة التي تتطور بها الحوسبة الكمومية، فقد لا يتوافر أمام العالم الكثير من الوقت لمواجهة هذا التهديد الأمني الجديد.

8.2   الذكاء الاصطناعي وتعلم الآلة

تعتمد معظم خوارزميات الذكاء الاصطناعي وتعلم الآلة على مبادئ «الجبر الخطي» وهو ما تتقنه الحوسبة الكمومية وبالتالي فإن معظم الخوارزميات المستخدمة إذا ما تم تجربتها على الحواسيب الكمومية فإن الوقت والقدرة الحاسوبية التي تحتاجها ستتقلص بشكل لوغاريتمي في أغلب الأحيان (مثال: 1000 خطوة ستحتاج إلى 3 خطوات فقط) وهو ما يعني القدرة على معالجة بيانات أضخم والتعامل مع تطبيقات لم تكن ممكنة من قبل.

والأمر لا يتعلق فقط بسرعة تنفيذ الخوارزمية بل إن طريقة عمل الحوسبة الكمومية تفتح الباب لتطوير خوارزميات ذات طبيعة مختلفة غير التي تم تطويرها للعمل على الحواسيب التقليدية، وهو ما أشارت إليه البروفيسور ماريا شولد[15] في إحدى محاضراتها فقالت «إن الأمل في أن يحقق تعلّم الآلة الكمومي الذكاء الاصطناعي الحقيقي» لذلك فإن الاستثمار في الخوارزميات الكمومية قد يؤتي ثماراً غير متوقعة تساعد في تطور الذكاء الاصطناعي نفسه وربما تحقيق الذكاء الاصطناعي العام الذي ذكرنا في أول الكتاب.

وكمثال ففي تطبيقات معالجة الصور فإن الخوارزميات «التقليدية» المستخدمة تقوم بمعالجة الصورة بطريقة متسلسلة أي أنها تقوم بالتعرف على الصورة جزءاً جزءاً ولكن باستخدام الخوارزميات الكمومية فربما يمكن التعرف على الأشياء والأشخاص في الصورة آنياً، وهو ما قد يتفادى كثيراً من الأخطاء التي تحدث بسبب الطريقة المتسلسلة.

---

[15]   عالمة جنوب أفريقية تخصصت في أبحاث تعلّم الآلة الكمومي وقد أسست واحدة من أهم المنصات المفتوحة لتطوير خوارزميات تعلّم الآلة الكمومية (PennyLane.ai).

8.3   الكيمياء وصناعة الأدوية

«أنيكا تشبرولو» هي فتاة أمريكية من أصل هندي تبلغ من العمر 14 عاماً حيث اكتشف تركيب جزيء يمكن أن يميز ويرتبط ببروتين فيروس كوفيد19- مما يعطي أساساً لصناعة أدوية تستطيع عزل واستهداف الفيروس دون الإضرار بجسم الإنسان، ما فعلته الفتاة النجيبة هو استخدام إحدى الخوارزميات التي تقوم باستكشاف تراكيب كيميائية مختلفة للجزيئات ثم تقوم باختبار كل جزيء مع بروتين الفيروس التاجي المستهدف، ولكن عملية الاستكشاف هذه غالباً ما تكون مكلِّفة زمنياً وحوسبياً، ودائماً ما يحاول القائمون عليها استمثالها عن طريق تحسينات مختلفة لاختصار الوقت والتكلفة.

هذا أحد الأمثلة التي سيكون للحوسبة الكمومية اليد العليا في إنجازها، بل وتحويل الحلم إلى حقيقة في كثير من الأحيان، فالقدرة على معالجة البيانات «آنياً» كما أوضحنا عاليه ستجعل الحاسب الكمومي قادراً على استكشاف واختبار آلاف أو ملايين التراكيب المحتملة «آنياً» بدلاً من استكشاف واختبار كل تركيب ممكن بشكل متسلسل.

والأمثلة الأخرى عديدة ولكنها تقوم على نفس الفكرة وهي القدرة على معالجة البيانات «آنياً» ومنها ما قامت به جوجل في أغسطس 2020 من محاكاة أحد التفاعلات الكيميائية والذي أعطى أملاً كبيراً للعلماء في قدرتهم على فهم كيف تحدث التفاعلات الكيميائياً فعلاً.

8.4   كيف تستعد للعصر الكمومي؟

تنقسم أبحاث الحوسبة الكمومية إلى عدة أقسام رئيسية:

- **صناعة الحاسوب الكمومي**

وتشمل أبحاث المواد المستخدمة في صناعة الكيوبتات والتقنيات المتقدمة المستخدمة في خلق النظم الكمومية مثل وضع تلك الكيوبتّات في درجة حرارة الصفر المطلق أو استخدام تقنيات أخرى مثل «مصيدة الجسيمات» والتي استخدمتها شركة هانيويل في إنشاء حاسوبها الكمومي.

- **تطوير أنظمة التشغيل**

الحاسب الكمومي سيختلف في بنيته عن الحاسب العادي كما أن طريقة معالجته للبيانات هي بالفعل مختلفة، وإذا أضفنا إلى ذلك اتصاله عبر الإنترنت الكمومي؛ فإننا نحتاج إلى تصميم وبناء نظم تشغيل خاصة به.

- **تطوير الخوارزميات الكمومية**

وهي تدخل في كل التطبيقات التي ذكرناها وعلى رأسها «تعلّم الآلة»، وتعتمد أبحاث الخوارزميات الكمومية حالياً على أنظمة محاكاة للحاسب الكمومي، لأن العلماء لا يريدون الانتظار حتى توفر حاسب كمومي فعّال ليكملوا أبحاثهم، بل إن تطوير الخوارزميات الكمومية قد أظهر أنواعاً جديدة قد يتم استخدامها على الحواسيب العادية لأنها قد تتفوق على الخوارزميات الحالية في بعض الأحيان.

- **التطبيقات والبرمجيات الكومية**

وهي التطبيقات التي يستخدمها المستخدم مباشرة وقد ذكرنا بعضها بالفعل ولكن ما زلنا في أول الطريق ومن المتوقع أنه لن يمر شهر في الأعوام القادمة دون أن نسمع عن تطبيقات جديدة في شتى المجالات.

في مؤسستك لا بد أن تقوم الإدارة المختصة بالاستراتيجية والإبداع بمتابعة الأبحاث والأخبار التي تصدر عن كل أنواع الأبحاث السابقة، أما النوعان الأولان فهما أقرب إلى الشركات والمؤسسات المتخصصة في التقنية، أما الآخران فهما ما يجب على كل المؤسسات والشركات متابعة التطور الحاصل فيهما، فكما ذكرنا فإنّ بنك «جي بي مورجان» وهو الأكبر في الولايات المتحدة قد بدأ بالفعل في استخدام الحاسوب الكمومي.

من جهة أخرى تتيح الكثير من الشركات الرائدة في الحوسبة الكمومية منصات وبيئات تطوير تعتمد على محاكاة الحواسيب الكمومية بل وقامت شركات أخرى بإنشاء لغات ومكتبات برمجة خاصة بالبرمجة على الحواسيب الكمومية والتي تختلف بطبيعة الحال عن البرمجة العادية من ناحية العقلية والمبدأ وطريقة التنفيذ.

وكما ذكرنا سابقاً فإنّ بعض شركات الخدمات السحابية قد أتاحت خدمات الحوسبة الكمومية ولو بشكل تجريبي وأيضاً خدمات محاكاة الحواسيب الكمومية، لذلك فإن المؤسسات الكبرى والهيئات الحكومية يجب أن تبادر إلى الدخول بقوة في هذا المجال واستثمار هذه الخدمات المتاح أغلبها مجاناً، فليس معنى أن «الصحافة التكنولوجية» لم تعط القدر الكافي من التركيز على هذه التكنولوجيا، ليس معنى ذلك عدم أهميتها، بل إن الأمر في ظني أن مبادئ هذه التكنولوجيا من الصعوبة بمكان حتى يتم تعليبها في قوالب تسويقية لمّاعة فهي ما زالت محصورة بين عقول العلماء والمهندسين.

ومن زاوية أخرى أكثر أهمية، فإنه لا يمكن التنبؤ باستخدامات الحوسبة الكمومية، فالعلماء مشغولون بصناعة الحاسب الكمومي أكثر من انشغالهم باستخداماته والتي غالباً ما يقررها

السوق وتَنافس العقول المختلفة على استخدام كل تكنولوجيا جديدة، بل إن وجود الحاسب الكمومي في أيدي الناس كفيل بأن يخلق استخدامات وتطبيقات لا حصر لها...

وهنا لا بد أن نذكر أنه في عام 1943، قال توماس واتسون، رئيس شركة IBM، «أعتقد أن هناك سوقاً عالمياً ربما لخمسة أجهزة كمبيوتر.» ولكن الآن هناك خمسة في كل بيت.

8.5   توقعات تكنولوجيا الكم لعام 2021

دعونا نحاول استكشاف المستقبل القريب[16] للحوسبة الكمومية وتكنولوجيا الكمّ بصورة عامة، حيث قامت شركة IQT Research بإعداد تقرير عن توقعاتها لعام 2021 وركزت على أربعة توقعات رئيسية ستحكم التقدم الحاصل في هذا المجال خلال هذا العام، فواقع الأمر أنه منذ أكثر من عام بقليل، كان من الممكن أن يشكك بعض صحفي التكنولوجيا – الجادين - في أن الحواسيب الكمومية ستنطلق تجارياً، أما الآن فيدور الجدل حول مقدار ما يمكن أن يقوم به الكمبيوتر الكمومي ومتى، فانتقل الجدل إلى قدرات الحاسب الكمومي بعد أن كان حقيقة وجوده هي محور ذلك الجدل.

وبالنظر إلى ما تم تحقيقه في تكنولوجيا الكم في عام 2020، تعتقد شركة IQT Research أن عام 2021 سيكون أكثر من عام خاص. إذن، إليك أربعة توقعات لعام 2021:

1.   النمو الهائل المتوقع في أسواق الأمن السيبراني.

تتوقع IQT Research تحركاً سريعاً في عام 2021 للأمن السيبراني الكمومي، مع منتجات جديدة مدفوعة (1) بالهجمات الإلكترونية باعتبارها تهديداً متزايداً للأمن

---

[16]   من مقال السيد لورانس جازمان رئيس موقع insidequantumtechnology.com

القومي في عدد من البلدان و (2) مخاوف بشأن ضعف العملات المشفرة في عالم تصبح فيه عملة البيتكوين وسيلة طبيعية لتبادل وتخزين القيمة المالية حيث إن هناك جدلاً ناشئاً حول ما إذا كانت عملة البيتكوين بحاجة إلى إضافة خاصية أمان كمومية أو ما إذا كان وضعها الحالي كفاية.

ستصبح الهواتف الآمنة الكمومية من Samsung، وربما Huawei وغيرهما محل اهتمام لدى المستهلكين لدرء المتسللين والهاكرز وحماية التجارة الإلكترونية على الأجهزة المحمولة. وفي الوقت نفسه، ستصبح الحوسبة الآمنة الكمومية الهدف المعلن للشركات الناشئة والمنتجات المعاد تسميتها في شركات الأمن السيبراني في كل مكان.

2.   شيوع الحديث عن الحاسب الكمومي الشخصي في عام 2021.

أطلقت IQT Research منذ أكثر من عام توقعها أن «الشيء الكبير التالي» في الحوسبة الكمومية هو الحواسيب الكمومية الشخصية، فقد أعلنت شركة IonQ مؤخراً أننا على بعد خمس سنوات فقط من ظهور هذا الحاسب. قامت جامعة تشالمرز للتكنولوجيا بالفعل ببناء حاسب كمومي صغير، على الرغم من كونه لأغراض تجريبية محددة.

الحاسب الكمومي الشخصي هو بالتأكيد مادة مثيرة للجدل، لكن IQT Research ترى أنه سيصبح مادة متداولة بين عموم الناس بحلول نهاية عام 2021، على الرغم من أنه لن يتوفر حاسب كمومي تجاري لعدة سنوات؛ ربما أطول مما تعتقد شركة IonQ، ولكن بالتأكيد لن ننتظر عقوداً أخرى، وعلى أية حال فإنه من المحتمل أن يؤدي هذا إلى توسيع سوق الحواسيب الكمومية بنفس الطريقة التي استطاعت بها أجهزة الكمبيوتر الصغيرة الرواج قبل ستين عاماً.

قد يمثل الحاسب الكمومي الشخصي تحدياً للخدمات السحابية السائدة حالياً في الحوسبة الكمومية وقد يعني أيضاً حدوث تغيير في مجال أعمال التكنولوجيا الكمومية،

فالواقع أنه ليست كل تقنيات الحاسب الكمومي مناسبة للتصغير ووضعها في حاسب شخصي أو منزلي، كما أن ارتباط تقنيات محددة بشركات محددة، سيكون للحواسيب الكمومية الشخصية تأثير عميق على حصص السوق لكل شركة في المستقبل؛ قد تكون الشركات التي تروج لـ «الحواسيب الكمومية الصغيرة» هي الأكثر جذباً للاستثمار... لا شيء مؤكد هنا سوى أننا سنسمع المزيد عن أجهزة الحاسب الكمومية الشخصية – ربما تحت اسم آخر – في عام 2021.

3.   زيادة الاهتمام بتكنولوجيا الكم قد تؤثر سلباً على التقدم فيها.

مع زيادة التنافس بين الدول في مجالات تكنولوجيا الكم وزيادة الثقة في المتوقع من الأبحاث القائمة حالياً في هذه المجالات فإنه من المتوقع أن يؤثر ذلك سلباً على التعاون بين الجامعات والشركات التي تنتمي لدول مختلفة وخاصة مع زيادة التركيز على تطبيقات الأمن السيبراني الكمومي. كما أن للأمر أثراً إيجابياً فمع زيادة التنافس بين الدول سيزداد التمويل المقدم من الحكومات للجامعات لزيادة الأبحاث داخل البلد الواحد.

4.   قيم شركات التكنولوجيا الكمية

في عام 2021، يتوقع IQT Research أن تنمو الحواسيب الكمومية بشكل كبير من حيث عدد الكيوبتّات التي يتم التعامل معها وما يتعلق بها من مواد وتجهيزات مما يؤدي إلى زيادة التهديد الذي تمثله الحوسبة الكمومية لأنظمة تشفير المفتاح العام القياسية مما سيؤدي إلى ازدهار التكنولوجيا الآمنة الكمومية نتيجة لذلك. وفي الوقت نفسه، ستؤدي الهواتف الكمومية وأحلام الحواسيب الكمومية الشخصية إلى ظهور شواهد مبكرة للشركات المبنية حول فكرة «السوق الشامل» للتكنولوجيا الكمومية.

كل ما سبق قد يصف لنا الوضع بعد عام من الآن، ولكن من أين ستأتي الأموال لتمويل مثل هذا التوسع في مجال أعمال الحوسبة الكمومية، فأغلب الظن وكما ذكرنا سنرى تمويلاً من الحكومات نفسها في ظل السباق المحتدم على ريادة تكنولوجيا الحوسبة الكمومية.

أما الأمر الذي ما زال أقل وضوحاً فهو تقييمات السوق لشركات الحوسبة الكمومية وهي تزداد شيئاً فشيئاً بالفعل، فالذي يتوقعه السيد جازمان وطبقاً لأحد مصادره أن القيمة السوقية لشركة Rigetti في طريقها أن تصل إلى مليار دولار، بل إن صحيفة واشنطن بوست قالت إن عام 2021 سيكون حدثاً كبيراً للاكتتابات العامة الأولية لشركات تكنولوجيا الكم.

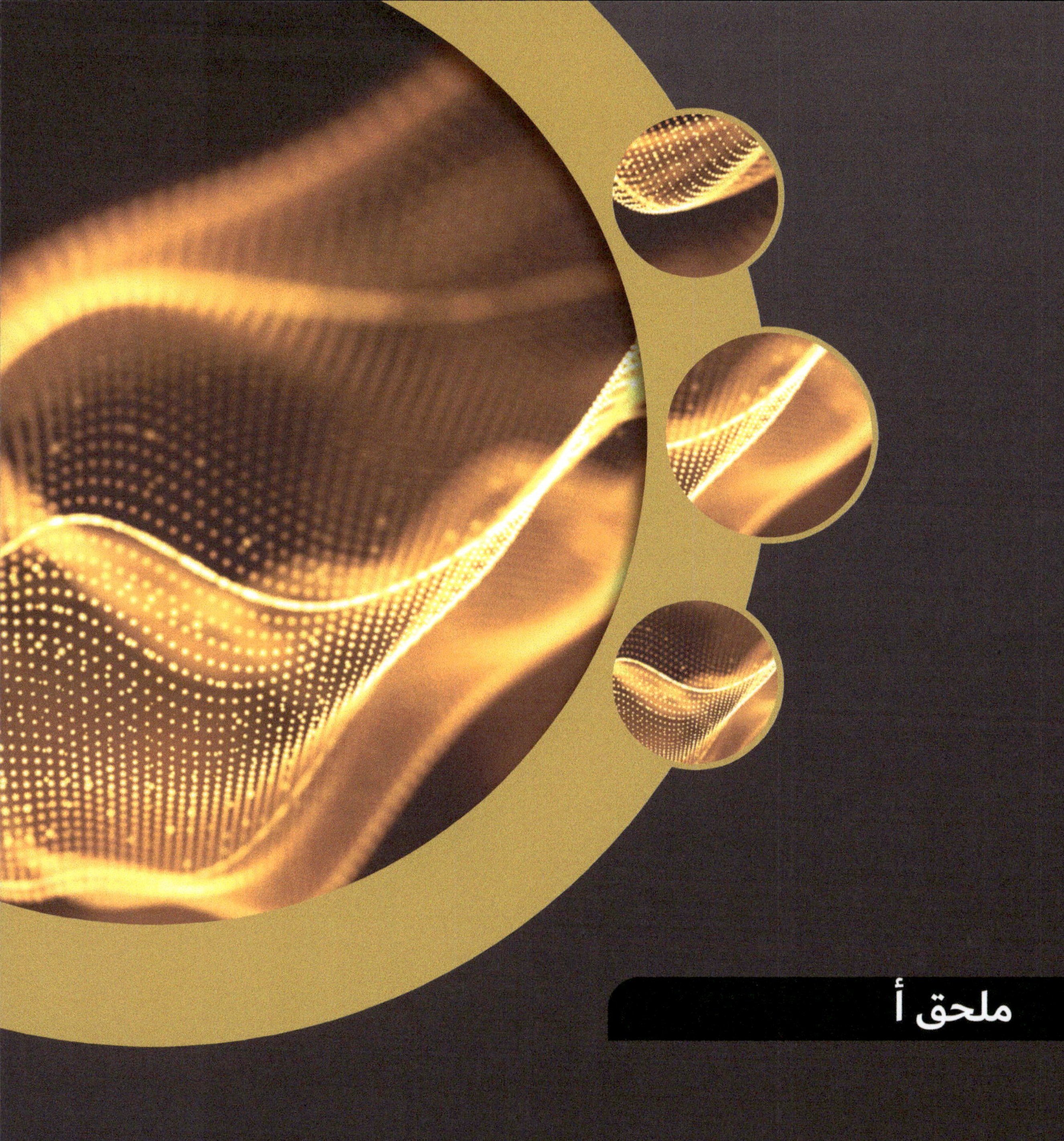

مكونات الحاسب الكمومي

قامت شركة ريجيتي[17] بتطوير أنواع مختلفة من الحاسبات الكمومية في إطار سعيها لتعزيز أبحاث الحواسيب الكمومية مع وعد بأن تقدم أفضل حاسب كمومي على الإطلاق وجعله في متناول عملائها قبل غيرها من الشركات المطوّرة.

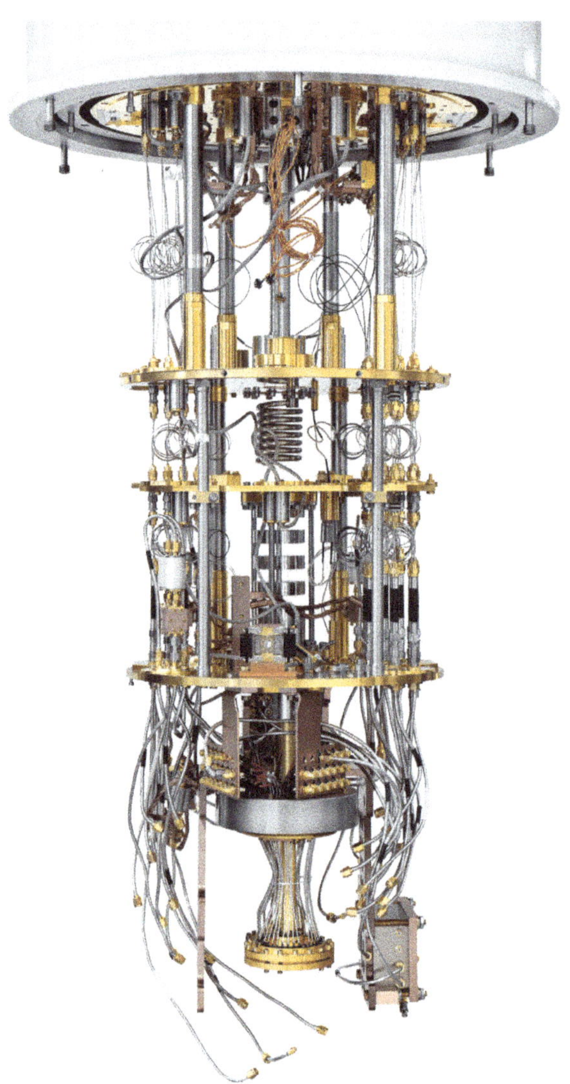

---

[17] من موقع شركة Rigetti إحدى الشركات الرائدة في مجال الحوسبة الكمومية، ويعتبر حاسبها الكمومي من النوع القائم على «الكيوبتات فائقة التوصيل» أو «Superconducting Qubits» هو أحد النوعين الأكثر شيوعاً، أما النوع الآخر فهو «مصيدة الآيونات» أو «Ion Trapped».

9.1 الصدفة

وهي عبارة عن خمسة «مسبوكات معدنية» مثل الجزء الفضي العلوي الظاهر في الصورة، ويتم تركيبها بحيث تكون كل مسبوكة موضوعة داخل الأخرى وفي داخل الأخيرة توجد جميع مكونات الحاسب.

تعمل الصدفة كهيكل عازل للحاسب الكمومي، فهي المسؤولة عن الحفاظ على درجة الحرارة المنخفضة (درجة الصفر المطلق أو ما يساوي 273.15 تحت الصفر المئوي) كما أنها تمنع تسرب الهواء أو أي غاز إلى داخل الحاسب، وهما خاصيتان هامتان لعمل الحاسب الكمومي.

9.2 الأعصاب

وهي الوصلات (الكابلات) تقوم بنقل الإشارات من وإلى الشريحة الرئيسية وهي الإشارات التي تتحكم في عمل الكيوبتّات وتقوم أيضاً بنقل القراءات والنتائج من تلك الكيوبتّات إلى الشريحة الرئيسية.

9.3 الهيكل الداخلي

هي تلك الصفائح الذهبية التي تعزل المناطق المبرَّدة عن بعضها البعض، حتى تقترب درجة الحرارة في قاع الحاسب من درجة حرارة الفضاء الخارجي أو ما يعادل واحد على المائة كلفينية.

9.4 القلب

وهو قلب الجهاز الذي تقع على عاتقه عملية التبريد، ففي داخله تتحرك أشكال مختلفة من سائل الهيليوم مثل هيليوم 3 وهيليوم 4، والتي تستمر في عمليات الانفصال والتبخر لامتصاص الحرارة وتبريد الحاسب.

9.5   المخ

وهي بحث مخ الحاسب الكمومي وهي عبارة عن قرص من النحاس المطلي بالذهب، وبداخله توجد شريحة سيليكون التي تمثل عقل الجهاز، وكما يظهر في الشكل فإنها تقع في قاع الجهاز حيث درجة البرودة القصوى.

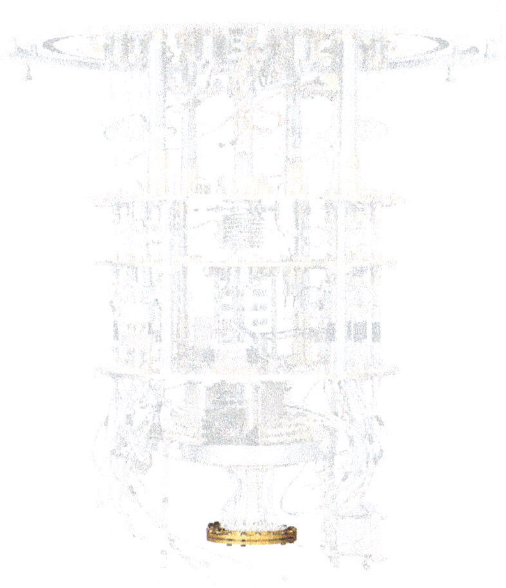

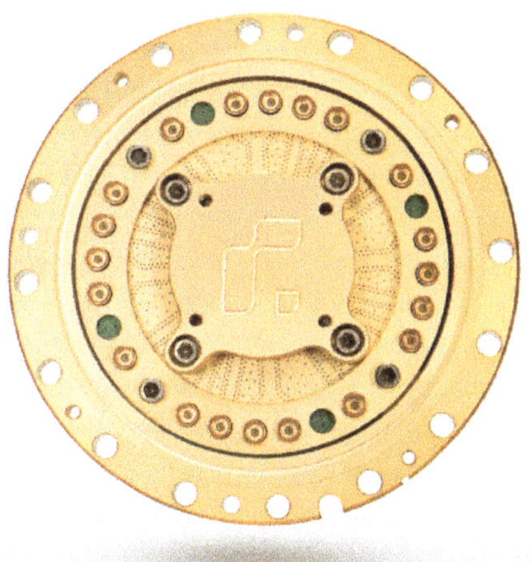

خارطة أعمال الحوسبة الكمومية

10.1 ما هي الدول التي تستثمر في الحوسبة الكمومية؟

للحصول على الريادة في مجال تكنولوجيا الكم، كانت الصين في طليعة أبحاثها، فقد أطلقت الصين أول قمر صناعي كمومي في عام 2016، وهو ما سلطت ورقة بحثية أعدها مركز دراسات أمريكي الضوء على كيف أن «الصين تضع نفسها كقوة مركزية في علم الكم.»

لفهم الإمكانات الاستراتيجية التي تحملها تكنولوجيا الكم، كثفت الولايات المتحدة وألمانيا وروسيا والهند والاتحاد الأوروبي الجهود نحو تطوير الحوسبة الكمومية، ففي الولايات المتحدة، أنشأ الرئيس ترامب اللجنة الاستشارية لمبادرة الكم الوطنية في عام 2019 وفقاً لقانون صدر خصيصاً لهذا الغرض والذي تم توقيعه في أواخر عام 2018، والذي يصرح بإنفاق 1.2 مليار دولار على علوم الكم على مدى السنوات الخمس التالية.

أعلنت الحكومة الهندية في ميزانيتها لعام 2020 عن مهمة وطنية لتقنيات وتطبيقات الكم بتكلفة إجمالية قدرها 8000 كرور روبية هندية (1.12 مليار دولار أمريكي) لمدة خمس سنوات بينما تمتلك أوروبا مبادرة بقيمة مليار يورو توفر التمويل لكامل أبحاث وأعمال تكنولوجيا الكم على مدى السنوات العشرة القادمة.

في أكتوبر 2019، تم إطلاق أول نموذج أولي للكمبيوتر الكمومي في روسيا بينما في ألمانيا، دخلت Fraunhofer-Gesellschaft، المنظمة الرائدة في أوروبا للأبحاث التطبيقية، في شراكة مع IBM لإجراء أبحاث متقدمة في مجال الحوسبة الكمومية.

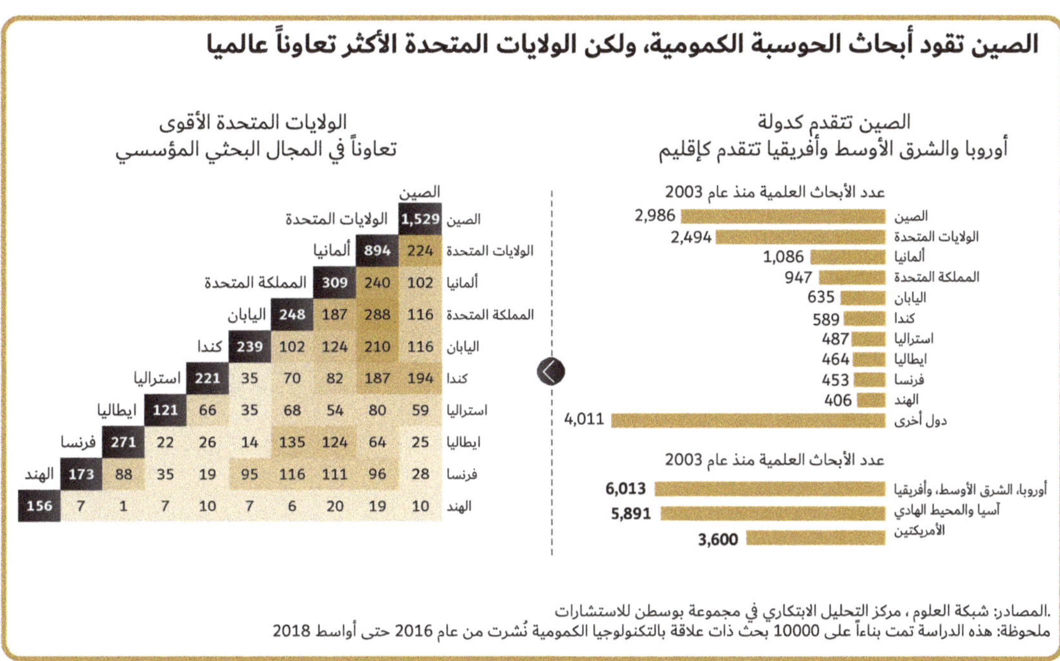

الصين
الصين 1,529
الولايات المتحدة 894 | 224 | الولايات المتحدة
ألمانيا 309 | 240 | 102 | ألمانيا
المملكة المتحدة 248 | 187 | 288 | 116 | المملكة المتحدة
اليابان 239 | 102 | 124 | 210 | 116 | اليابان
كندا 221 | 35 | 70 | 82 | 187 | 194 | كندا
استراليا 121 | 66 | 35 | 68 | 54 | 80 | 59 | استراليا
ايطاليا 271 | 22 | 26 | 14 | 135 | 124 | 64 | 25 | ايطاليا
فرنسا 173 | 88 | 35 | 19 | 95 | 116 | 111 | 96 | 28 | فرنسا
الهند 156 | 7 | 1 | 7 | 10 | 7 | 6 | 20 | 19 | 10 | الهند

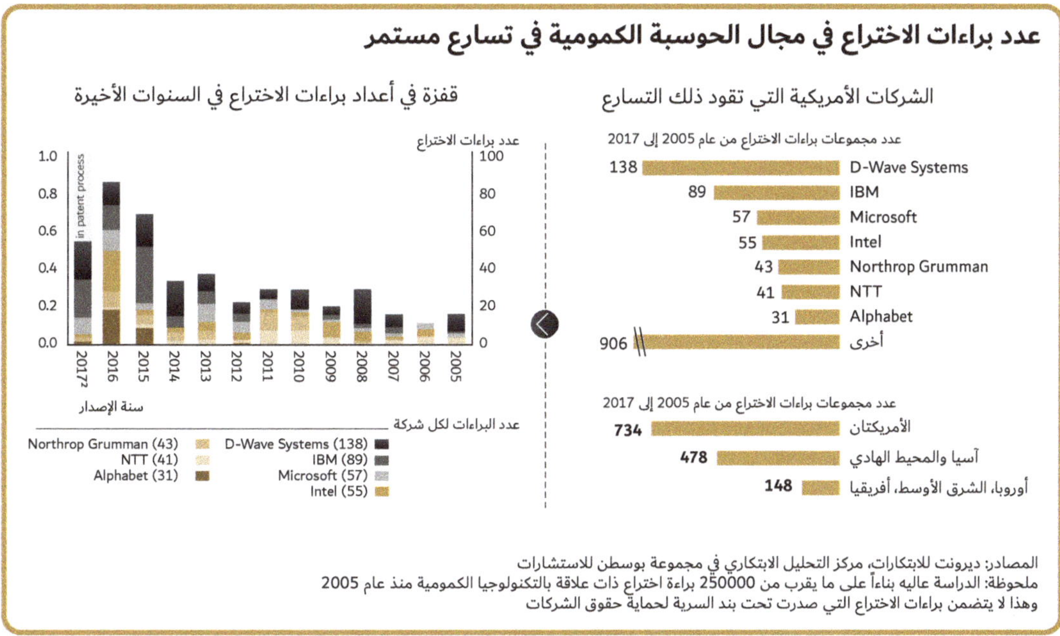

الرسومات البيانية التالية توضح الجهد المبذول في مختلف الدول والأقاليم الرئيسية في العالم في سبيل تطوير وتقدم التكنولوجيا الكمومية، سواء في مجال الأبحاث العلمية أو ما ينتج عنها من براءات اختراع، ويظهر من خلال تلك البيانات التنافس الشديد بين الصين والولايات المتحدة.

10.2 الشركات التي تقود الطريق

تعد شركة IBM من الرواد في مجال الحوسبة الكمومية، ففي يناير 2019 كشفت شركة IBM عن نظام (IBM Q System One)، وهو أول نظام عالمي متكامل للحوسبة الكمومية تم تصميمه للاستخدام العلمي والتجاري، ثم في سبتمبر، افتتحت مركز IBM للحوسبة الكمومية في نيويورك لتوسيع أنظمة الحوسبة الكمومية للنشاط التجاري والبحثي، كما استثمرت مؤخراً في Cambridge Quantum Computing، التي كانت واحدة من أوائل الشركات الناشئة التي أصبحت جزءاً من شبكة Q التابعة لشركة IBM في عام 2018.

في أكتوبر 2019، أصدرت Google إعلاناً يدعي تحقيق «التفوق الكمومي» ونشرت نتائج تجربة التفوق الكمومي في مقالة على موقع نيتشر بعنوان «التفوق الكمومي باستخدام معالج فائق التوصيل قابل للبرمجة». مصطلح «التفوق الكمومي» صاغه جون بريسكيل في عام 2012 حين كتب أن إحدى طرق تحقيق التفوق الكمومي تتمثل في «تشغيل خوارزمية على كمبيوتر كمومي تحل مشكلة تسريع فائق متعدد الحدود بالنسبة إلى أجهزة الكمبيوتر الكلاسيكية.» ولكن عارضت شركة IBM هذا الادعاء من قبل شركة جوجل.

تعتبر D-Wave التي يقع مقرها الرئيسي في فانكوفر بكندا أول مورد تجاري في العالم لأجهزة الكمبيوتر الكمومية ويتم استخدام أنظمتها من قبل منظمات مثل NEC وVolkswagen و

DENSO وLockheed Martin وUSRA وUSC ومختبر Los Alamos الوطني ومختبر Oak Ridge الوطني. في فبراير 2019، أعلنت D-Wave عن نموذج تجريبي لمنصة الحوسبة الكمومية من الجيل التالي التي تضم الأجهزة والبرامج والأدوات اللازمة لتسريع وتسهيل تسليم تطبيقات الحوسبة الكمومية، ثم في سبتمبر 2019، أطلقت على نظامها الكمومي من الجيل التالي اسم Advantage، والذي أصبح متاحاً في الخدمة السحابية الكمومية المسماة Leap في نهاية عام 2020، أما في ديسمبر 2019، فقد وقعت الشركة اتفاقية مع NEC لتسريع الحوسبة الكمومية التجارية.

قدمت Amazon خدمتها Amazon Braket في أواخر عام 2019، والتي تم تصميمها للسماح لمستخدميها بالحصول على بعض الخبرة العملية مع الكيوبتات والدوائر الكمومية، وتسمح تلك الخدمة ببناء واختبار الدوائر في بيئة محاكاة ثم تشغيلها على جهاز كمبيوتر كمومي حقيقي.

في نفس الوقت تقريباً، كشفت شركة إنتل النقاب عن أول رقاقة تحكم مبردة من نوعها - أطلق عليها اسم «هورس ريدج» - والتي من شأنها تسريع تطوير أنظمة الحوسبة الكمومية المتكاملة.

بالإضافة إلى ذلك، فإن شركات مثل Microsoft وAlibaba وTencent وNokia وAirbus وHP وToshiba AT&T وMitsubishi وSK Telecom وRaytheon وLockheed Martin وRighetti وVolkswagen وAmgen وBiogen يجرون الأبحاث ويعملون على تطبيقات الحوسبة الكمومية.[18]

---

[18] المصدر: Nasdaq.com

المصدر: تقرير الحوسبة الكمومية من مجموعة بوسطن للاستشارات

quantumcomputingreport.com

في الصين التي أصبحت الدولة الرائدة في الحوسبة الكمومية، فإن شركة Alibaba قد أطلقت معمل أبحاث متخصصاً في الحوسبة الكمومية، ومثلها فعلت عملاق الذكاء الاصطناعي الصيني بايدو Baidu حين أنشأت معهد الحوسبة الكمومية الخاص بها في 2019 بغرض جعله من أهم مراكز الأبحاث المتخصصة في العالم.

10.3 الاستثمار في الشركات الكمومية

فيما يلي نعرض بعض أهم الشركات الناشئة في مجال الحوسبة الكمومية وحجم الاستثمارات[19] في كل منها وتاريخ آخر دورة تمويل، وجدير بالذكر أن إجمالي التمويل لبعض تلك الشركات قد زاد في خلال السنتين الأخريتين – أحياناً أضعاف ما كانت حصلت عليه منذ تأسيسها – وهو ما يعكس بوضوح الثقة المتزايدة في تكنولوجيا الكم وما وصلت إليه أبحاثها:

التأسيس	مجموع الاستثمارات – آخر تمويل	اسم الشركة
الولايات المتحدة - 2016	508.6 مليون دولار – إبريل 2020	PsiQuantum
الولايات المتحدة - 2015	251 مليون دولار – يناير 2020	Quantum Metric
كندا - 1999	216.2 مليون دولار – ديسمبر 2019	D-Wave Systems
الولايات المتحدة - 2013	198.5 مليون دولار – أغسطس 2020	Rigetti
بريطانيا - 2014	72.8 مليون دولار – ديسمبر 2020	Cambridge Quantum Computing
الولايات المتحدة - 2015	82 مليون دولار – يوليو 2020	IonQ
الولايات المتحدة - 2017	76.4 مليون دولار – نوفمبر 2020	Zapata Computing
كندا - 2016	35.6 مليون دولار – يناير 2020	Xanadu
فنلندا - 2018	70.8 مليون يورو – نوفمبر 2020	IQM Quantum Computers
كندا - 2012	45 مليون دولار كندي - نوفمبر 2017	1QBit
الولايات المتحدة - 2018	23.5 مليون دولار – يونيو 2018	Quantum Xchange
بريطانيا – 2017	3.3 مليون جنيه إسترليني – يونيو 2019	Riverlane
الولايات المتحدة – 2018	4.3 مليون دولار – سبتمبر 2020	Quantum Computing
بريطانيا - 2017	8 مليون جنيه إسترليني	Quantum Motion Technologies

جدول 10.1: الاستثمار في شركات الحوسبة الكمومية

---

[19] المصدر: crunchbase.com

10.4 أهم منصات البرمجة الكمومية

أطلقت شـركة مايكروسـوفت منصتها للحوسـبة الكمومية عـام 2017 والتـي دعمتها بلغـة برمجية خاصـة بالبرمجيات الكمومية والتي أطلقت Q# مثـل لغتها الشـهيرة C# وحتـى كتابة هذه السـطور فإن شـركة مايكروسـوفت لا تحتـوي على حاسـب كمومي ولكنهـا تعتمـد على أنظمة محاكاة الحاسـب الكمومي، ولكنها أيضاً توفر خدمات تشـغيل البرامج على حواسـيب كمومية حقيقية عـن طريقة شـركائها مثل شـركة IonQ.

هنـاك رزم ومكتبات برمجية عديدة تهدف إلى دعم المبرمجين وتسـهيل تطوير التطبيقات الكمومية دون حاجة المبرمج إلى الفهم العميق لعمل الحواسـيب الكمومية، نذكر أهمها فيما يلي:

بيئة العمل	الشركة المطورة	اسم المكتبة البرمجية
حاسب حقيقي	D-Wave	Ocean
حاسب حقيقي	IBM	Qiskit
حاسب حقيقي	Rigetti	Forest
حاسب حقيقي	Cambridge Quantum Computing	<t|ket>
محاكاة	Microsoft	Quantum Development Kit
محاكاة	Google	Cirq
محاكاة	Xanadu	Strawberry Fields

جدول 10.2: منصات ومكتبات الحوسبة الكمومية

ويبقى أن نذكر أن من أهم المنصات التي ظهرت مؤخراً هي Pennylane.ai والتي تعمل مع معظم المكتبات الأخرى المتوفرة وتستطيع العمل مع الحواسيب الكمومية الحقيقة أو على بيئات المحاكاة التي توفرها.

خاتمة

11.1 ما لم نذكره في هذا الكتاب

لقد كان هدفنا الذي أردنا الوصول إليه من خلال هذا الكتاب أن نستشرف مستقبل المؤسسات في ظل التغيرات والتأثيرات التي تحدثها التكنولوجيا الجديدة في أعمال تلك المؤسسات بل وحياة البشر بصورة عامة، ولكننا في نفس الوقت أردنا أن نحافظ على لغة غير غارقة في المصطلحات والتفاصيل التكنولوجية وإن كانت كافية لكي يستطيع القاريء غير المتخصص الإلمام بأساسيات التكنولوجيا المختلفة التي ذكرناها في هذا الكتاب.

وما بين سعينا لتحقيق ذلك الهدف، وبين المحددات التي وضعناها ليظل الكتاب سهلاً سلساً لكل قراءه، وبين الحفاظ على حجم معقول للكتاب يشجع القاريء على قراءته كاملاً في بضع جلسات؛ لم يكن بمقدورنا تغطية كافة جوانب المواضيع التي تطرقنا إليها في فصول الكتاب. فما هي تلك التفاصيل التي قد نغطيها في كتاب أكبر وأكثر تعمقاً في التكنولوجيا؟

11.1.1 أمان البيانات Data Security

في الفصول الأولى من الكتاب أسهبنا في الحديث عن البيانات وأهميتها للإنسان وكيف أنها القيمة الحقيقية في كل الأنظمة الرقمية الموجودة وعلى رأسها أنظمة الذكاء الاصطناعي، إلا أننا لم نتطرق كثيراً إلى كيفية حماية تلك البيانات أثناء حفظها أو عند معالجتها، وكيفية تأثير ذلك على المراحل المختلفة التي ذكرناها لنضج أية مؤسسة بياناتياً، وهو موضوع يجب أن

يهتم به كافة العاملين في المؤسسات المختلفة وعلى رأسهم متخذي القرار، خاصة في ذلك الإقبال المتزايد على استخدام الخدمات السحابية وما يرافق ذلك من إمكانية تواجد بيانات المؤسسة خارج مركز البيانات الخاص بها بل وربما خارج حدود الدولة التي توجد فيها هذه المؤسسة.

والشاهد هنا هو السؤال الذي دائماً ما يبدأ به المتخصصون في أمان البيانات: أنت تحمي ماذا ممن؟ أو بكلمات أخرى: هل مقدمو الخدمات السحابية يضمنون لك أمان بياناتك المستضافة لديهم، وإذا فعلوا فهل يمكنك الثقة في مقدمي الخدمات السحابية أنفسهم؟

11.1.2 علوم البيانات والذكاء الاصطناعي

علوم البيانات والذكاء الاصطناعي هو مجال واسع ومتشعب يحتاج إلى عشرات الكتب لسبر أغواره، وربما أننا قد ركزنا بصورة كبيرة على مواضيع «تعلم الآلة» في كتابنا هذا لأنها الأكثر انتشاراً وتطبيقاً سواءً بين شركات التكنولوجيا، أو المؤسسات، أو حتى العلماء.

ولو اتسع لنا المقام لتطرقنا إلى مواضيع أخرى في نفس المجال؛ فتحليل البيانات (Data Analytics) – وإن بدا أنه أقل تعقيداً – فإن الاستفادة التي تنال المؤسسة منه قد تكون أيسر وأقل تكلفة من تقنيات «تعلم الآلة»، بل وهي الخطوة الصحيحة – كما ذكرنا – في طريق نضج المؤسسة بياناتياً قبل أن تصبح قادرة على الإفادة من تقنيات «تعلم الآلة» بالشكل المرجو.

كما أن كيفية عرض «وتمثيل البيانات» (Data Visualization) تمثل موضوعاً هاماً وهي أساس ما يعرف حالياً بـ (Info Graphics)، وتمثيل البيانات إذا أُحسن استغلاله من قبل فريق تكنولوجيا المعلومات في المؤسسة لكان حلقة الوصل والترجمان بينهم

وبين باقي أقسام المؤسسة، ولكان تأثيره كبيراً على متخذي القرار في هذه المؤسسة، بل إن استغلاله من قبل أقسام التسويق أو أقسام العلاقات العامة والربط المؤسسي سيكون له عظيم الأثر على تقديم المؤسسة إلى المجال العام والعملاء سواء كانوا أفراداً أو مؤسسات أخرى.

وفي حين أن الكثير من العلماء والمستخدمين يضعون الكثير من الآمال على مواضيع «التعلم العميق» لتتقدم بالذكاء الاصطناعي، إلا أن هناك مواضيع أخرى مثل «الذكاء الاصطناعي الترميزي» التي نظن أنها قد تكون اللاعب الأكثر تأثيراً في مستقبل الذكاء الاصطناعي.

11.1.3 حوكمة البيانات وتكنولوجيا المعلومات

لا يمكن للتحول الرقمي في أية مؤسسة النجاح دون أن تطبق أحد أُطر حوكمة تكنولوجيا المعلومات (IT Governance) وعلى رأسها ما يخص حوكمة البنية المؤسسية وحوكمة البيانات، فغياب تلك الأطر هو مثل أن يبدأ أحدهم عملاً ثم لا يستطيع إتمامه، فبدونها لا يمكن التأكد من تحقيق المتطلبات الوظيفية والمحددات الأمنية وغير الأمنية في بناء الأنظمة الرقمية داخل المؤسسة، وهو ما قد ينتج عنه هدر لموارد المؤسسة أو فشل بناء تلك الأنظمة، أو تسريب لبياناتها.

وقد أُوصي القارىء الكريم بمراجعة أحد أطر العمل – التي قد لا تكون حازت تلك الشهرة الكبيرة بعد – التي تتعدى موضوع الحوكمة إلى إدارة كافة شئون أقسام تكنولوجيا المعلومات داخل المؤسسة، وهو إطار عمل يسمى (IT4IT) والذي قامت ببناءه مؤسسة (The Open Group) وهي مؤسسة شهيرة في وضع المرجعيات القياسية وأطر العمل في مجال تكنولوجيا المعلومات والتي لا ترتبط بشركات معينة.

11.1.4 أكثر تعمقاً في الحوسبة الكمومية

كما ذكرنا آنفاً فإن أسس الحوسبة الكمومية هي فيزياء وميكانيكا الكم، وهو ما يجعله الموضوع الأكثر صعوبة عند الخوض فيه، وأحسب أننا قد أبلينا بلاءً حسناً في عرضنا إياه...

إلا أن القارىء الكريم قد يرغب في الاستزادة من مصادر أخرى عن هذا الموضوع «الشيق»، فنحن هنا مثلاً لم نعرض الأنواع المختلفة من الكيوبتات وكيفية صناعتها، وكيف يمكن أن يؤثر ذلك على اتجاهات وسرعة تصنيع الحاسب الكمومي متعدد الأغراض، فالحاسب الذي عرضنا أجزاءه في ملحق الكتاب هو فقط النوع الأكثر شهرة بين أنواع أخرى ربما قد تتفوق على حاسبنا هذا في المستقبل القريب.

كما أننا لم نذكر أحد أهم ميزات الكيوبتات وهي التداخل بينها، ولم نفصل في مسألة تصحيح الخطأ في الحاسب الكمومي والتي تعتبر أكبر عائق في سبيل الوصول إلى الحاسب الكمومي متعدد الأغراض الذي يمكن الاعتماد عليه في كل تطبيقات الحوسبة الكمومية.

ويبقى هنا أن نوصي القارىء الكريم بالاطلاع على الأنواع الرئيسية من الحوسبة الكمومية وهي: الاستمثال (Quantum Optimization) ومن ضمنه «التلدين الكمي» (Quantum Annealing) والمحاكاة (Quantum Simulation) ومتعدد الأغراض (Universal Quantum Computer).

11.2 الخلاصة

في خاتمة هذا الكتاب نرجو أن يكون قد تحقق للقارىء تلك الفائدة التي أردناها منه، وهي أن يقر في وجدان القارىء أهمية مواكبة الجديد من التكنولوجيا وما يستتبعه ذلك من عمل

دؤوب وتعلم مستمر لتأدية الأمانة التي في عنق كل موظف ومسؤول في مؤسساتنا العاملة جميعها!

ولقد أردنا أن يكون هذا الكتاب وصفة بسيطة سهلة الاتباع لكل من أراد أن يجعل التكنولوجيا ذات فائدة في عمله، فأوسط الكتاب كان شرحاً مبسطاً لفكرة التحول الرقمي وأهميته وكيفية وضع خارطة طريق لإنجازه، وكان أول الكتاب دمجاً بين فلسفة البيانات وتأثيرها في حياتنا وبين تاريخ تطور تكنولوجيا البيانات عامة والذكاء الاصطناعي خاصة، وكأننا بدأنا بعرض المواد الخام التي هي مدخلات إلى عملية التحول الرقمي ليكون الناتج هو المؤسسة الذكية؛ مؤسسة المستقبل.

وأولينا اهتماماً خاصاً للحوسبة الكمومية لتكون مركز الثقل في هذا الكتاب، فهي بحق مستقبل التكنولوجيا، إلا أن «الإعلام التكنولوجي» لم يوليها حقها في التناول وهو ما جعله واجباً علينا تبصير القاريء بأهميتها وتأثيرها المؤكد على مستقبل المؤسسات بمختلف أنواعها.